Franz Beckenbauer

Meine Gegner - Meine Freunde
Stationen einer Karriere

Mit einem Vorwort von Harry Valérien

Rasch und Röhring Verlag

Die Vision sei erlaubt: Im Halbdunkel eines festlich dekorierten Saales feiert eine internationale Gesellschaft den herausragendsten Fußballer des Landes und die Stationen seiner Karriere. An großen Tischen sitzen Spieler mehrerer Generationen, dazwischen Künstler, Schriftsteller, Politiker, Ärzte, Showstars natürlich und bedeutende Sportler aus anderen Bereichen. Es ist gerade zehn Jahre her, daß Franz Beckenbauer sein letztes von insgesamt 103 Länderspielen bestritt. Hollywood ehrt seine Koryphäen gewöhnlich erst dann, wenn sie 70 oder 75 Jahre alt geworden sind. Wir feiern früher. Warum auch nicht?

Helmut Schön hält die Laudatio, blendet zurück auf das Debüt des damals gerade erst Zwanzigjährigen in Stockholm, als sich die deutsche Elf für die Weltmeisterschaft 1966 qualifizierte. Und Schön schwärmt von der wohl glanzvollsten Mannschaft des deutschen Fußballs, die 1972 die Europameisterschaft gewann und zwei Jahre später in München gar den Weltmeistertitel. Nacheinander erheben sich Gegner und Freunde — Pelé, Bobby Charlton, Johan Cruyff, Sepp Maier, Uwe Seeler und all die anderen — und erzählen kurze Episoden mit Franz — in Rio de Janeiro und New York, in London, in Léon, in Rom und Hamburg. Auf einer riesigen Leinwand über der Bühne verfolgt die Gesellschaft die denkwürdigsten Ausschnitte aus Länderspielen, die Franz Beckenbauer entscheidend mitprägte: das WM-Finale im Londoner Wembley-Stadion 1966; das Jahrhundertspiel gegen Italien 1970 in Mexico City; Gerd Müllers Siegestreffer 1974 im Endspiel gegen Holland und dann Franz Beckenbauer als Kapitän, den Jules-Rimet-Cup in den erhobenen Händen. Dazwischen Bilder, die den Dirigenten im Mittelfeld so zeigen, wie ihn die Welt in den Stadien und vor den Fernsehschirmen kannte und liebte: unnachahmlich lässig und leicht in seinen Bewegungen, im fein kontrollierten Führen des Balls, im klugen Warten auf die Chance eines blitzartigen Herausbrechens aus der eigenen Abwehr bis hin zum gefürchteten Schuß aufs gegnerische Tor. Die Leute im Saal applaudieren dieser eleganten Art des Spiels, Kenner bemerken und wissen aus ungezählten Spielen, wie Franz das Tempo notfalls verschleppen und den Ball vorübergehend »unter der Sohle verstecken« konnte. Irritation für den Gegner, Formierung der eigenen Mannschaft zum erfolgversprechenden Angriff. In der Mitte, als Libero, wie man weiß, Franz Beckenbauer, der, entgegen allen Erwartungen, plötzlich losprescht und den Betrachter auf der Tribüne fasziniert dasitzen läßt.

Man bestaunt die Kunst eines Fußballers, der die Fertigkeiten des Gegners deklassiert — oder auch steigert, je nachdem. Eine glückliche Mischung aus Begnadetsein und Lust an dem, was zum Lebensinhalt des Franz Beckenbauer wurde. Dabei ist er den üblichen Vorstellungen eines Wochenendfußballers weit entrückt. Und weil er mit mancher Gebärde nicht nur Verständnis erntete, legte sich, vor allem nördlich der Mainlinie, Distanz zwischen Zuschauer und »Kaiser«, als habe Beckenbauer bewußt abgehoben, statt wie Uwe Seeler oder Helmut Rahn unterm Volk zu bleiben. Nichts lag Franz ferner, als eine Kluft aufzureißen zwischen sich und dem Publikum. Aber wie sich wehren gegen den oft rücksichtslosen Zugriff der Fans? Wie seinen Weg gehen als Star, ohne Neugierige und Bewunderer stehenzulassen oder gar zu verprellen?

Jetzt, als Teamchef der Nationalmannschaft, kann er mit der Popularität und dem Glanz der Erfolge vermutlich leichter leben. Nach dem Debakel bei der Europameisterschaft 1984 sind Franz Beckenbauers erste Auftritte als Chef der Nationalmannschaft mit Beifall, ja mit Begeisterung aufgenommen worden. Er beendete gleichzeitig ein festgefügtes, traditionsgeprägtes Verhältnis zwischen Fußballbund und Nationaltrainer. Der Neuberufene durchlief bekanntlich weder eine Ausbildung als Fußballehrer, noch erwarb er bis heute eine Lizenz für dieses Amt. Presse und Fernsehen behandelten ihn anfangs derart freundlich, als hinge von Beckenbauer allein eine glorreiche Zukunft unseres Fußballs ab. Doch mitten in einer Phase anhaltend schwacher Spiele, etwa im Oktober 1985, geriet der Teamchef in eine Krise. Jupp Derwall, von Journalisten als Vorgänger

Beckenbauers stark gebeutelt, bemerkte lakonisch, seit seinem Abschied habe sich im deutschen Fußball überhaupt nichts geändert, die Einstellung der Presse allerdings sei anders geworden ... In der Tat: Beckenbauers legerer Umgang mit Reportern, überwiegend derselben Generation angehörend, veränderte Ton und Gespräche grundlegend — bis schließlich während der WM 1986 recht harte Auseinandersetzungen das so friedfertige Verhältnis trübten. Franz Beckenbauer scheute sich nicht, erst kürzlich wieder zuzugeben, daß er zu den damaligen Mißhelligkeiten »kräftig beigetragen« habe, meinte aber auch, beide Seiten hätten daraus eigentlich lernen müssen. Ihm sei es von Anfang an darum gegangen, »Diener und Helfer des deutschen Fußballs zu sein, nicht mehr und nicht weniger«.

Kurze Rückblende: Was war das für ein artiges Gespräch, das ich mit Franz und »Bayern«-Trainer Cajkovski am zwanzigsten Geburtstag des jungen »Bayern«-Spielers im Sportstudio geführt habe. Beckenbauer stand kurz vor seiner ersten Berufung in die Nationalmannschaft, vor der Reise nach Stockholm zum entscheidenden Spiel gegen Schweden. Sektgläser standen auf unserem Tisch, und am Ende war ich froh, daß dieser erste große Fernsehauftritt Beckenbauers auch seinem Manager Robert Schwan gefallen hatte, wiewohl seiner Ansicht nach das Honorar für seinen Schützling schon zu diesem Zeitpunkt, 1965, weit höher hätte ausfallen müssen ...

»Jetzt geht's erst richtig los«: Live-Diskussion

Genau zwanzig Jahre später entschlüpfte dem Teamchef in einer belanglosen Diskussion der schlagzeilenträchtige Vorwurf von den »geistigen Nichtschwimmern«, die drauf und dran seien, den Fußballsport in unserem Land zunehmend ins Negative zu ziehen. Dies aber wolle er sich auf Dauer nicht bieten lassen. Kurzerhand stritten wir daraufhin, live und vor erwartungsvollem Publikum, über das fallende Leistungsniveau der hochbezahlten Nationalspieler und deren Behandlung in der Öffentlichkeit. Als man mir ein Zeichen zur Beendigung des Gesprächs gab, übernahm der Teamchef die Regie und sagte: »Nein, wir machen weiter, jetzt geht's ja erst richtig los!«

Was die Zuschauer in dieser Form nicht gekannt hatten und an Beckenbauer sofort sympathisch fanden, war die gar nicht verkniffene Offenheit, mit der er eigene Fehler eingestand. Nach den unerfreulichen Erfahrungen in Mexiko freilich, sagt der Teamchef heute, werde er sich öffentlich nicht mehr so leicht ungeprüft provozieren lassen. Sein Vorsatz bestehe darin, Aussagen vor Presse und Fernsehkameras künftig reiflicher zu überlegen und, wenn möglich, treffender zu formulieren.

Wir indes schauen weiterhin neugierig auf Franz Beckenbauer, auf Bilder, die den Teamchef meist schmallippig, angespannt und ziemlich wortkarg am Spielfeldrand zeigen, es sein denn, er ärgert sich urplötzlich wieder über irgendeinen »Käse« und läßt auf münchnerische Art Gedanken und Gefühlen ungeschminkt ihren Lauf ...

So oder so wird er seine nächsten großen Ziele nicht aus den Augen verlieren: die Europameisterschaft 1988 im eigenen Land, zwei Jahre später dann die Weltmeisterschaft in Italien. Beide natürlich nicht ohne hochgesteckte Ambitionen. Über diese Zeit hinaus existieren keinerlei Pläne, denn Beckenbauer lebt nach dem Motto: Die Dinge immer auf sich zukommen lassen und, bei allem Ernst, nie den Spaß an der Arbeit verlieren.

Auch deshalb: Salut für Franz — und für seine Gegner, die nicht selten seine Freunde sind.

Harry Valérien

Im Flug beherrschte Franz Beckenbauer schon mit zwölf Jahren den Ball. Mit der Handballmannschaft seiner »Silberhorn«-Schule wurde er sogar Vierter der Münchner Stadtmeisterschaften. Aber seine wahre Liebe galt bereits dem Fußball

Beckenbauer am Ball. Zwei Jahrzehnte lang war er ein Weltstar.
Die Souveränität, mit der er Ball und Gegner beherrschte, trug ihm den Titel »Kaiser« ein. Er selbst gefiel sich in der Rolle des »Liberos«, des freien Mannes

Für viele das »Spiel des Jahrhunderts«: Deutschland–Italien 1970 in Mexiko. Beckenbauer liegt am Boden. Overath, Patzke und Müller fordern vom Schiedsrichter vergebens einen Elfmeter. Verletzt spielt Beckenbauer bis zum bitteren Ende

Franz Beckenbauer und Günter Netzer im Dreß der Nationalelf. Vor allem bei der Europameisterschaft 1972 galten sie als ideale Partner: Beckenbauer als Libero und der Mönchengladbacher wie im Verein als Dirigent im Mittelfeld

Die Traumminute jedes Fußballers: Am 7. Juli 1974 hält Franz Beckenbauer im Münchner Olympiastadion den Weltmeisterpokal triumphierend in den Händen. Holland ist geschlagen. Maier, Breitner und Grabowski freuen sich mit den 80 000 Zuschauern

Ein Bayer in New York: Franz Beckenbauer verschafft sich auf dem Empire State Building einen Überblick über seinen neuen Arbeitsplatz. Vier Jahre wird er bei »Cosmos« Entwicklungshelfer in Sachen »Soccer« sein

Cosmos

»Der Kaiser von Amerika«. Charlie Chaplins legendärer Filmtitel wurde oft zitiert, wenn Franz Beckenbauer seine Auftritte mit »Cosmos« feierte. Nicht nur um Erfahrungen reicher kehrte er 1980 in die Bundesliga zurück

6

Letzte Lagebesprechung vor dem Weltmeisterschafts-Finale 1986 im Azteken-Stadion von Mexico City. Als Teamchef gelang Franz Beckenbauer ein auch von ihm selbst nicht erwarteter Erfolg – trotz der Niederlage gegen Argentinien

Plauderei auf hoher Ebene während der WM-Tage von Mexiko 1986

Der Teamchef

»Franz, hast du das denn nötig?«

Der Teamchef und sein Assistent Horst Köppel geben bei der WM in Mexiko taktische Anweisungen

Natürlich hatte ich nicht damit gerechnet. Trainer zu werden, Bundestrainer sogar, Teamchef, wie auch immer man das nennen mag. Wer denkt schon an so was, wenn er sich nie mit diesem Beruf direkt befaßt hat, nie wirklich ernsthaft daran gedacht hat, einen Trainerschein oder auch nur einen Lehrgang zu machen. Ich jedenfalls nicht. Auch wenn ich im Fußball seit gut zwei Jahrzehnten zu Hause war, auch wenn ich zwanzig Jahre alles erlebt hatte, was mit diesem Sport zu tun hat. Fußball, das ist mein Lebensinhalt, das war auch damals nicht anders. Aber Fußballtrainer? Kein Gedanke.

Ich war in Frankreich gewesen. Wie immer, wenn irgendwo der Ball rollte und ich dabeisein wollte. Diesmal gewissermaßen dienstlich. Im Auftrag einer Boulevard-Zeitung, als Kolumnist. Mit spitzer Feder, wenn es sein mußte, und diesmal mußte es wohl sein. Natürlich hatte ich mir die deutsche Mannschaft bei dieser Europameisterschaft 1984 zur Brust genommen. Aber niemals verletzend, immer fachlich, immer sachlich. Wo Fehler gemacht wurden, mußte ich sie aufzeigen, das war mein Job und mehr noch mein ehrliches Anliegen. Zu sehr hänge ich am Fußball, zumal am deutschen, um mit ihm unehrlich umzugehen. Und in Frankreich gab es ja weiß Gott nichts zu beschönigen.

Und außerdem: Zu diesem Zeitpunkt habe ich nun wirklich nicht ahnen können, daß es sich bei dem, über den ich schrieb, um meinen Vorgänger handelte. Oder andersherum: daß ich einmal Jupp Derwalls Nachfolger sein würde.

Im Gegenteil. Ein halbes Jahr zuvor, im Januar 1984 also, hatte ich den Jupp noch rein zufällig in Griesbach getroffen. Er war zur Kur da, ich mit Diana Sandmann und ihrem Vater zum Vergnügen. Im selben Hotel, im selben Raum haben wir uns bei einer guten bayrischen Brotzeit gemeinsam im Fernsehen die Auslosung der Qualifikationsspiele zur Weltmeisterschaft in Mexiko angeschaut. Schweden, die ČSSR, Portugal und Malta. »Mein Gott, Jupp, da hast du aber eine schwere Gruppe erwischt«, höre ich mich noch heute sagen. Ja hätte ich denn ahnen können, daß es sich da um meine Gruppe handelte, um haargenau die Gegner, mit denen ich meine Laufbahn als Trainer beginnen würde?

Ein halbes Jahr darauf also Frankreich. Unsere Mannschaft war schon in der Vorrunde an Spanien gescheitert und befand sich auf dem Heimflug. Alles war in die Hos'n gegangen, also war auch unser Aufgebot auf dem Rückzug, die Journalistenmannschaft, inklusive des Kolumnisten Beckenbauer.
Ich war kaum in München-Riem gelandet, da drückte mir jemand das Blatt mit der Schlagzeile des Tages in die Hand. »Franz: bin bereit« mußte ich da lesen. Ich war also bereit, so. Ich glaube, erst einmal dachte ich, mich trifft der Schlag.
Was weiß ich, wer da alles an dem Ding gedreht hat. Natürlich einige beim Deutschen Fußball-Bund, die mich immer schon haben wollten. Und dann auch Erwin Himmelseher, ein guter Freund von Hermann Neuberger. Und ebenso Robert Schwan, mein Manager, auf irgendeine Weise. Neuberger jedenfalls schien begeistert, er bat mich, sofort wieder nach Paris zu kommen.
Natürlich war ich bereit. Als Übergang, hab' ich gedacht, als Übergang würde das schon gehen. Bis der DFB einen anderen hätte. Ich wollte nur helfen, wer denkt da an die Konsequenzen. Es sollte ein geheimes Treffen sein zwischen Hermann Neuberger und mir. Das Hotel war rundherum abgesperrt, aus Sicherheitsgründen, wohl kaum wegen mir. Es war das Hotel der UEFA. Wie verschwiegen das Gespräch dann bleiben würde, sah ich bereits im Hoteleingang, wo die Fernsehkameras surrten, die Fotografen ihre Blitzlichter abfeuerten, ein ganzer Haufen Journalisten wartete. Sei's drum, ich erklärte Neuberger meine Bereitschaft, und alles ging ruck, zuck! Überhaupt Hermann Neuberger: Der DFB-Präsident ist ganz anders als sein Ruf. Als Funktionär ist er ungeheuer wichtig für den deutschen Fußball, dessen bester Vertreter er auch im Ausland ist. Wo du hinkommst, überall wird Neuberger als bedeutender Mann angesehen.

Die Nationalmannschaft war in der Öffentlichkeit in Mißkredit geraten, und ich hatte jede Menge Kredit. Das war für mich die Ausgangslage. Ein, zwei Jahre würde ich sicher helfen können, so lange, bis Helmut Benthaus endlich frei sein würde für diesen Job. Benthaus ist eigentlich der Wunschtrainer von Hermann Neuberger gewesen. Als Deutscher Meister mit dem VfB Stuttgart stand er glänzend da, die Leute mochten seine besonnene, bescheidene Art, seinen klaren Sachverstand und seine Intelligenz. Und sportlichen Erfolg hatte er, wie gesagt, auch vorzuweisen.
Nur: Benthaus war nicht frei. Im Sommer 1984 wollten die Stuttgarter ihn noch nicht gehen lassen, nationales Interesse hin oder her, sie pochten auf Einhaltung seines Vertrages. »In zwei Jahren kann ich kommen«, erklärte Benthaus mir damals, und mit dieser Zwischenlösung war ich nur zu einverstanden. Bundestrainer, das konnte nichts für lange sein. Daß im Bundesliga-Geschäft nichts, aber auch gar nichts über einen Zeitraum von zwei Jahren zu planen ist, hätte ich mir eigentlich damals schon denken können. Wie jeder weiß, war Helmut Benthaus bald schon nicht mehr gefragt in Stuttgart und damit auch nicht mehr beim Deutschen Fußball-Bund.
Da stand ich also und wußte nicht, wie mir geschehen war. »Papa, warum tust du das?« hat mich Stephan gefragt, der jüngste meiner drei Söhne. Was hätte ich ihm groß antworten können, wußte ich es doch selber nicht. Ich war der größte Selbstzweifler in den ersten Wochen. »Mensch, worauf hast du dich da eingelassen«, habe ich mir gesagt. Aber ich hing nun mal mitten drin und konnte mich nicht mit der Ausrede davonstehlen, dies sei alles nur Spaß gewesen oder ein Mißverständnis.
»Franz, hast du das denn nötig?« mußte ich mich fragen lassen, und ich habe mit den Schultern gezuckt. »Er will der Langeweile eines Playboy-Lebens entfliehen«, schrieben die einen, und ich habe das als ausgemachten Blödsinn hingenommen. Die langen Kitzbüheler Tage seien mir aufs sonnige Gemüt geschlagen, konnte ich lesen, mein Dasein als golfender Frührentner habe mich trübselig gemacht und so weiter. Alles in allem wurde in meiner Umgebung sehr viel mehr Motivforschung betrieben als bei mir direkt. Ich konnte eh nichts mehr dran ändern.

Gespannt war ich nur auf mich selbst. Der Job und die Aufgabe waren neu für mich. Der Umgang mit den Menschen war plötzlich ein ganz anderer und der Umgang mit dem Fußball auch. Nichts ging jetzt mehr lässig mit dem Fußgelenk, und vorbei war auch die Zeit, wo ich mich als Spieler vor der Verantwortung drücken konnte. Als Teamchef, auf diesen Namen einigte man sich beim DFB, weil ich eben keine Lizenz besitze, als Teamchef also mußte ich mich den Dingen stellen.

Auch der Kritik. Und die kam schnell, trotz des großen Bonus, den ich in der Öffentlichkeit hatte. Als ich Felix Magath in die Nationalelf zurückholte (aus gutem Grund, wie sich später wohl herausgestellt hat), schoß Paul Breitner die ersten Pfeile ab: »Bekkenbauer ist auf dem Holzweg.« Oder Toni Schumacher, den ich zum Kapitän machte: »Kein Neuanfang, sondern Weiterwursteln.« Bei der nächsten Mannschaftssitzung habe ich mir den Toni vorgeknöpft und ihm gesagt: »So geht es nicht!«

Aber mit der Kritik konnte ich leben. Ich wußte, was ich wollte. Ganz genau. Ich bin im Sternzeichen der Jungfrau geboren. Man sagt uns den Hang zum Perfektionismus nach. Gut ist uns nicht gut genug. Aber das Idealbild erreichen wir nie. Nur, die völlig neue Erfahrung, im Bemühen um Perfektion letztendlich als Trainer reichlich hilflos dazustehen, hat mich anfangs einige schlaflose Nächte gekostet.

Natürlich habe ich Reizpunkte gesucht. Das braucht man, erst recht, wenn man vierzig wird. Und Fußball ist eine ständige Auseinandersetzung. Überall gibt es Streitfragen. Ich habe auch als Spieler viel gestritten – mit Mitspielern, Gegenspielern, Schiedsrichtern und Funktionären. Das reinigt die Luft und belebt.

Meine Bedenken waren nun aber, wie das als Trainer gehen würde. Wie würden die Spieler mich annehmen? Wir haben schließlich auch einige alte Zöpfe abgeschnitten. Vieles konnte einfach nicht so weiterlaufen. Zum Beispiel, daß Kritik in der Öffentlichkeit geübt wurde. Und dann mußten wir die Spieler an alte Tugenden erinnern: Disziplin, Pünktlichkeit, Fairneß, Respekt voreinander. Die Spieler bekamen wieder Richtlinien, die sie vorher nicht mehr gekannt hatten. Das mag vielen unsinnig erschienen sein, vielen, nur den Spielern nicht. Im Gegenteil. Sie schienen uns irgendwie dankbar. Als hätten wir ihnen ein Stück Verantwortung abgenommen. Denn das war wohl inzwischen jedem klar: So bequem das Leben vorher vielleicht gewesen sein mochte, den Erfolg hatte es ihnen nicht gebracht. Und erfolgreich wollten sie alle sein.

Also haben wir ihnen einen Rahmen vorgegeben. Das hat nichts mit langer oder kurzer Leine zu tun. Jeder muß für sich selbst wissen, wie er sich innerhalb dieses Rahmens zu bewegen hat. Zum Beispiel sind wir den Weg zurück in die Sportschulen, raus aus den Luxushotels gegangen. Zumindest in Deutschland. Im Ausland suchen wir Hotels am Stadtrand, im Grünen, denn wichtiger als Komfort ist mir Ruhe. Die Sportschulen sind zudem schlichtweg zeitsparender. Du ziehst den Trainingsanzug an und gehst einfach auf den Platz. In einem Stadthotel aber bist du ewig auf den Bus angewiesen.

Vielen mag das lächerlich erscheinen. Aber die Quartierfrage kann von ganz entscheidender Bedeutung sein. Bei der Weltmeisterschaft in Mexiko, das trefflichste Beispiel, hätten wir uns einen Großteil des Ärgers ersparen können, wenn wir vorher ausreichend nachgedacht hätten. Die Presse ins selbe Hotel zu stecken wie die Spieler, das ist unser Kardinalfehler gewesen. Wirklich, es hätte keine Probleme für uns gegeben, wenn wir nicht mit den Journalisten unter einem Dach gewesen wären. Ich will die Presse nicht pauschal verurteilen, ich weiß schließlich aus eigener Erfahrung, wie hart in diesem Bereich gearbeitet werden muß. Aber wenn du eben gewisse Leute in deinem Quartier hast, dann siehst du lustig aus. Sechs Wochen, mein Gott, das ist eine wahnsinnig lange Zeit. Ein Mammutprogramm, und zwar für jeden. Sechs Wochen getrennt von der Familie, sechs Wochen Streß und Arbeit, sechs Wochen ohne Frau, ohne Privatleben, ohne Vergnügen. Das ist eine Strafe für alle. Da mußt du deine psychologischen Aussetzer haben. Ob als Spieler oder als Journalist. Auch als Trainer, mag sein.

Die Banker: Teamchef, Assistent, Arzt, Masseur

Ouvertüre: Strammgestanden zur Nationalhymne

Der Torjäger: Rudi Völler holt sich Ratschläge

Fotomotiv: Mit Siegerlächeln zum Spielfeldrand

Donnerwetter: Der Chef macht seinem Ärger Luft

Audienz: Der »Kaiser« stellt sich den Fragern

Man hat mir im nachhinein vieles von dem unter die Nase gerieben, was ich in dieser Zeit in Mexiko von mir gegeben habe. Zum Beispiel meine Standortbestimmung des deutschen Fußballs, gleich zu Beginn in Morelia vor versammelter Presse. Als Rundumschlag, als Abrechnung wurde mir das ausgelegt. Ich habe gesagt — über unsere Chancen: »Da wirst nicht Weltmeister. Das kannst sowieso schon vergessen.« Über unsere Talente: »Jetzt ham wir zwei Jahre hingebastelt, was ham wir nicht alles probiert mit den Jungen. Und wer ist letztlich übriggeblieben? Der Thon und der Berthold. Und die anderen alle, mit denen kannst net amal Jugendweltmeister werden.« Über die Bundesliga-Trainer: »Ich hab' eine konstruktive Zusammenarbeit versucht mit denen, ja, um Gottes willen. Jedesmal, wennst beisammen bist, da versichert sich ein jeder der Loyalität und Unterstützung. Und dann geht der wieder links, und der geht rechts, und jeder wurstelt weiter. Das wird nie was. Nächstes Jahr maximal eine Tagung. Nix mehr. Sollen ihren Mist alleine machen. Sollen weiterwursteln.« Über die Bundesliga-Vereine: »Wir wursteln da mit achtzehn rum in der Bundesliga. Wir sind nie in der Lage, von der Qualität her, achtzehn Vereine zu haben. Da ist so viel Schrott dabei, da gehört ausgemistet.« Das Wort Schrott mag sich hart anhören, ich habe Mittelmaß gemeint.

Und all die Äußerungen aus 12 000 Kilometer Entfernung. Kein Wunder, daß einige das in Deutschland in den falschen Hals bekommen haben. Aber ich habe mir den Zeitpunkt ganz bewußt ausgesucht. Ich wollte die Leute wachrütteln, auf unsere gefährliche Lage hinweisen. Und nicht erst hinterher, wenn das Kind schon in den Brunnen gefallen ist, wenn man mir alles nur als billige Ausrede ausgelegt hätte. Der richtige Zeitpunkt, zu dem noch alle zuhören, war vor der WM. Und im internen Kreis hatte ich all das weiß Gott schon genug diskutiert. Ohne Ergebnis natürlich. Außerdem: Ich wollte Leben in den Laden bringen, und an den WM-Titel oder auch nur das Erreichen des Endspiels hatte ich unter den klimatischen Bedingungen wirklich nicht gedacht.

Vielen kam mein Auftritt gerade recht. Denen ging es auch nicht um den deutschen Fußball und nicht um den Erfolg der Mannschaft. Im Gegenteil. Einige waren darunter, die warteten nur darauf, daß wir endlich rausfliegen würden, damit sie ihren Schmutz loswerden konnten. Und da soll einer nicht wütend werden, nicht mal ausflippen! Natürlich waren viele meiner Reaktionen, im nachhinein betrachtet, blödsinnig, einfach überzogen, weil ich mich viel zu leicht habe provozieren lassen. Und natürlich würde ich heute anders handeln. Ich habe eine Menge gelernt in Mexiko. So schnell gehe ich heute nicht mehr aus der Reserve. Ich bin beherrschter geworden, ohne dabei meine Spontaneität zu verlieren.

Viele Dinge wurden aber auch ganz einfach schief ausgelegt. Meine Auseinandersetzung mit diesem mexikanischen Journalisten Miguel Hirsch zum Beispiel, die einige ja schon zur internationalen Krise hochstilisieren wollten, die nur noch auf diplomatischem Wege zu lösen sei. Das war Spaß, mein Gott, aber nicht mal mehr einen Witz hat man machen können, ohne daß er falsch gedeutet wurde. Es hat doch wohl keiner im Ernst daran geglaubt, daß ich dem Burschen den Hals umdrehen wollte! Dabei war ich, zugegeben, ganz schön sauer auf ihn. Schließlich hatte er uns in Morelia diese Frauen ins Quartier geschrieben. Und das geht nun wirklich zu weit. Vielleicht hätte ich diese Angelegenheit besser ins Lächerliche ziehen sollen, aber ich hatte das Gefühl, mich vor die Mannschaft stellen zu müssen. Diese Lügen standen immerhin auch in Deutschland in den Zeitungen, und die Spieler sind doch fast alle verheiratet. Man kann sich leicht denken, was da los war.

Genug davon. So schlimm war es nun auch wieder nicht. Bei den vorangegangenen Weltmeisterschaften jedenfalls hatten wir weit mehr Probleme. 1966, 1970 und 1974 war ich als Spieler dabei, auch 1978 und 1982 war der Kontakt zur Mannschaft immer eng. Da herrschte jedesmal mehr Theater, nur wurde alles nicht so breitgetreten. 1986 gab es, von meinen Raufereien mit der Presse einmal abgesehen, im Grunde nur zweimal Schwierigkeiten. Einmal mit Karl-Heinz Rummenigge, der glaubte, gegen die »Kölner Mafia«, wie er sich ausdrückte, um Toni Schumacher und seine Leute vorgehen zu müssen. Und einmal mit Uli Stein, der mir gar keine andere Wahl ließ, als ihn nach Hause zu schicken. Davon später mehr.

Reden wir vom Sportlichen, bevor hier ein negativer Eindruck von Mexiko entsteht. Das wäre falsch. Denn Mexiko war einfach riesig. Für mich persönlich die schönste, die beste Weltmeisterschaft von allen. Das klingt paradox, wo ich doch 1974 als Spieler den Titel gewonnen habe und man annehmen müßte, daß da nichts mehr drüber geht. Und doch ist es so. Das liegt sicher an den unterschiedlichen Voraussetzungen. 1974 mußten wir einfach gewinnen. Das hat jeder von uns erwartet. Zumal im eigenen Land. 1986 aber haben uns nicht einmal die guten Wünsche der Leute nach Mexiko begleitet. Alle haben sie gesagt: In der Vorrunde, spätestens im Spiel danach ist Feierabend.

Im Grunde hatten wir ja auch alles schon erreicht. Die Qualifikation zur WM, das war eigentlich mehr, als mancher erwartet hatte. Und daß sie uns schon zwei Spieltage vor Schluß der Gruppenspiele gelungen war, kam einer Sensation gleich. Nach Mexiko

Der Teamchef und sein Star Karl-Heinz Rummenigge beim Training

fuhren wir zudem mit reichlich Problemen. Littbarski, Völler, Rummenigge, Rahn hatten schwere Verletzungen hinter sich, sie kamen nicht in Schwung. Aus diesem Grund habe ich auch 26 Spieler mit ins Trainingslager von Malente genommen, vier zuviel. Daß schließlich Gründel, Mill, Buchwald und Funkel doch noch zu Hause bleiben mußten, hat mir sehr leid getan. Das würde ich wohl heute auch anders machen.

Die Vorbereitung in Morelia ließ sich ganz gut an, da hatten Journalisten und Spieler ja auch noch getrennte Quartiere. Als wir umzogen nach Querétaro, merkten wir schnell, daß wir in der Delegation hoffnungslos unterbesetzt waren. Die Zahl der Medienvertreter hat sich in den letzten Jahren verdoppelt und verdreifacht. Wir hatten aber nach wie vor nur einen Pressesprecher, wo wir drei hätten gebrauchen können. Auch die Zahl der Trainer war zu gering, statt drei hätten wir sehr wohl vier nötig gehabt. So kam es zu Arbeitsüberlastungen und unnötigem Druck. Ich hatte mich um jeden Mist zu kümmern, mußte die Mannschaft trainieren, die Gegner beobachten, mein Tag dauerte von morgens um sieben bis nachts um zwölf. Obwohl ich zwei sehr gute Helfer hatte.

Horst Köppel war mein Assistent. Ihn hatte ich bei meinem Amtsantritt 1984 Erich Ribbeck vorgezogen, weil Ribbeck, der selbst einmal Nachfolger von Jupp Derwall werden wollte, sich nicht mit der Assistentenrolle zufriedengegeben hätte. Horst Köppel aber war für mich die ideale Ergänzung. Menschlich haben wir sowieso die gleiche Wellenlänge. Aber auch fußballerisch. Und das ist gar nicht so selbstverständlich. Fußball ist Auffassungssache, und unsere Auffassung war fast immer identisch. Dazu kam in Mexiko noch Berti Vogts, der uns wirklich sehr geholfen hat. Wir waren ein gutes Dreiergespann, obwohl ich oft das Gefühl hatte, daß wir — bei allem Einsatz — die Arbeit nicht schafften.

Unsere spielerischen Qualitäten waren mit dieser Mannschaft begrenzt, das haben wir gewußt. Wir mußten uns also nach der Decke strecken, aus dem Vorhandenen das Beste machen. Mit unseren Mitteln zum Erfolg kommen. Das heißt: Herz war gefragt. Wir brauchten ganze Kerle, und die hatten wir in Mexiko. In drei Spielen mußten wir gleich zu Be-

Oftmals kein leichter Gang: der Teamchef auf dem Weg ins Stadion, zu Sieg oder Niederlage

Franz Beckenbauer legt selbst Hand und Fuß an, wenn trainiert wird. Bei dem Kölner Torhüter Toni Schumacher gab es erst nach der WM Berührungsängste

Als Teamchef hat Beckenbauer bislang viele Hürden elegant genommen, auch wenn ihn seine Gegner oft in die Knie zwingen wollten

ginn einem Rückstand nachlaufen, und jeder, der dabei war, weiß, was das heißt unter solchen klimatischen Bedingungen. Das Wichtigste bei der Mannschaft war der absolute Wille. Nur dadurch ließ sich das spielerische Defizit wieder ausgleichen.

Mit den Dänen, den Schotten, den Uruguayern hatten wir dazu noch die schwerste Gruppe, aber wir haben uns durchgekämpft und sind weitergekommen. Nur dachte ich zu diesem Zeitpunkt schon, irgendwann brechen die mir zusammen von der Substanz her. Dann kam der unangenehmste Gegner, Marokko, auch wenn das damals keiner so recht wahrhaben wollte. Das war die Mannschaft, die sich in der Gruppe gegen England, Portugal und Polen qualifiziert hatte, alles Fußballnationen von hohem Rang. 40 Grad Hitze in Monterrey, diese hohe Luftfeuchtigkeit, für uns war das die Hölle, aber die Afrikaner haben sich pudelwohl gefühlt. Dann kam Mexiko. Der Gastgeber. Die Mannschaft war ein volles Jahr im Trainingslager gewesen, sie war eingespielt wie eine Vereinself, und sie hatte das fanatische Publikum im Rücken. In diesem Spiel haben wir neben starker Physis auch Nervenstärke zeigen müssen, das Halbfinale erreichten wir nur über das Elfmeterschießen. Das waren die Arbeitssiege. Die erste Halbzeit gegen Frankreich war schließlich das Beste, was wir bis dahin gezeigt hatten. Diesen Sieg haben wir zweifelsohne durch die bessere spielerische Leistung erreicht, und das hatte ausgerechnet gegen die Franzosen nun wirklich niemand erwarten können. Ich auch nicht. Wir hatten mehr als unsere Pflicht erfüllt bei dieser WM.

Das Endspiel im Azteken-Stadion war das größte Erlebnis meiner Laufbahn überhaupt. Wie gesagt, es ist schon etwas Besonderes gewesen, 1974 den Pokal in den Händen zu halten. Aber jetzt waren wir hier in dem Bewußtsein, etwas Außergewöhnliches geleistet zu haben. Unter absolut widrigen Bedingungen hatten wir uns bis zur absoluten Weltspitze hinaufgehangelt. Keiner von uns hätte sich das vorher träumen lassen. Und dann diese Stimmung, die Atmosphäre in diesem wunderbaren Stadion. Ich habe zu den Spielern in der Kabine gesagt: »Das, was ihr da draußen gleich erleben werdet, das erlebt ihr nur einmal. Gehts jetzt da raus und spielts an Fußball.« Und sie sind regelrecht rausgeschwebt.

Letztendlich sind da zwei Mannschaften ins Finale gekommen, die einen fast identischen Stil gepflegt haben. Aus einer bombenfesten Abwehr nach vorne. Der Einsatz, die Konsequenz — auf dem Gebiet waren beide fast gleich. Die Abwehr der Argentinier war eisenhart, fast brutal. Wer da durchkam, der war selber schuld. Natürlich hatten sie Maradona und somit ein spielerisches Plus. Wir lagen 0:2 hinten, und es hieß alles oder nichts. Jetzt mußten wir mit der Brechstange spielen. Dazu war Dieter Hoeneß gerade der richtige Mann, Felix Magath mußte ich herausnehmen. Er ist mir hinterher böse gewesen deshalb, aber was soll das? Das war eine Anordnung von mir, und da lasse ich mich nicht auf Diskussionen ein. Ich war überrascht über seine Reaktion,

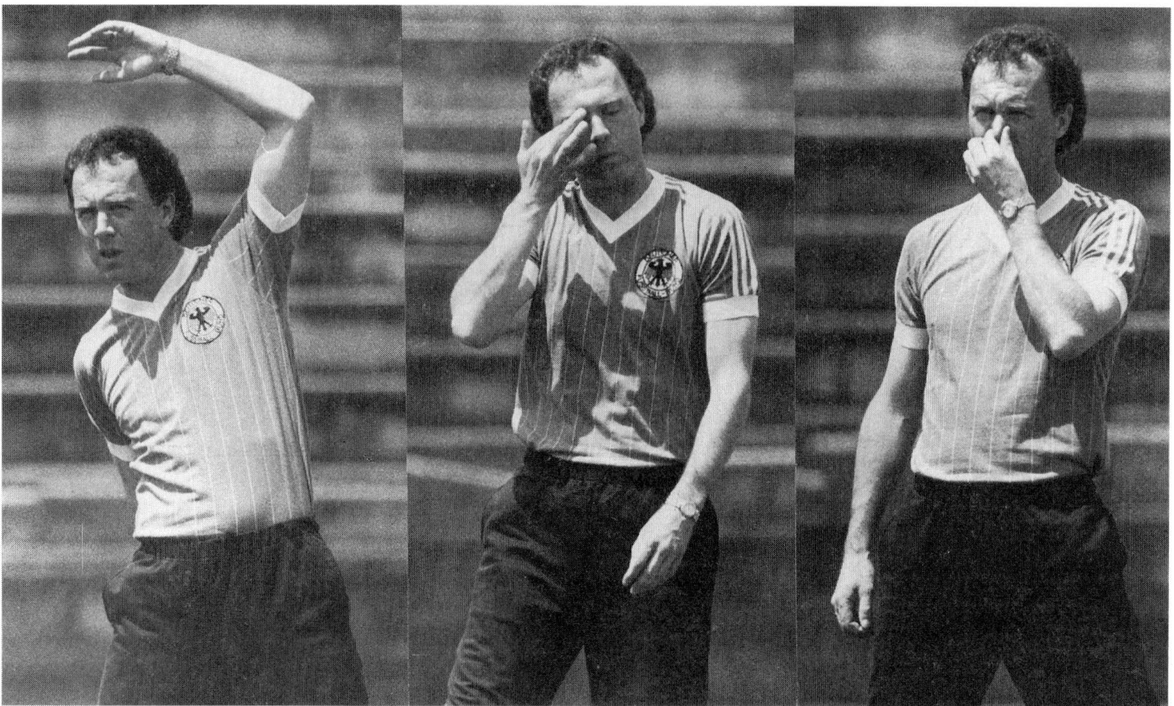

Gymnastik mit der Mannschaft, aber irgend etwas scheint da ins Auge gegangen zu sein

aber ich rede heute nicht mehr darüber. Er hatte wenig Wirkung gehabt, war in der Phase als Spielmacher nicht mehr zu gebrauchen. Da denke ich doch nicht an ein Jubiläum oder Abschiedsspiel oder was auch immer, da sehe ich nur die Mittel zum Zweck. Und der Zweck heiligt die Mittel. Tatsächlich sind wir noch einmal auf 2:2 rangekommen. Mit Glück, sagten viele, aber ich sage, Glück hat auf Dauer wirklich nur der Tüchtige. Und wir waren verdammt tüchtig. Hätten wir in dieser Phase noch etwas konzentrierter in der Abwehr gespielt, wir hätten das Spiel noch gewonnen.

Aber die Niederlage, das 2:3, war in Ordnung. Dieses eine Tor waren die Argentinier einfach besser. Und Deutschland als Weltmeister, mit diesen handwerklichen Methoden, das wäre auch nicht das richtige Leitbild für die kommenden Jahre gewesen. Allein die Tatsache, daß wir ins Finale gekommen sind, war für uns schon das achte Weltwunder.

Ein Wort noch zu Uli Stein. Das betrifft Mexiko und auch die Zeit danach, ist also die rechte Überleitung. Als ich das Amt des Teamchefs übernommen habe, wollte ich einen guten zweiten Torwart hinter Toni Schumacher. Ich wollte Stein. Günter Netzer hatte mir versichert, er habe nicht mehr so viele Aussetzer wie früher, und Uli Stein hatte mir alle möglichen Versprechungen gemacht. Zwei Jahre lang ist er mit der Rolle des zweiten Mannes zurechtgekommen, doch dann hat er wohl gedacht, er müßte ausflippen. Scheinbar hat er in Mexiko geglaubt, seine Launen würden ihn zur Nummer eins machen. Seine Reaktionen, seine Kommentare, seine persönlichen Angriffe gegen mich, das ganze unsportliche Verhalten, all das ließ uns gar keine andere Wahl, als ihn nach Hause zu schicken. Ich bin nur schwer verletzbar, deshalb hat es mich auch nicht sonderlich getroffen, daß Uli Stein mich einen »Suppenkasper« gerufen hat. Außerdem habe ich selbst bei drei Weltmeisterschaften mitgemacht und weiß, was man da so an Unflätigem über Spieler, Trainer oder Delegationsmitglieder von sich gibt. Das ist alles zu entschuldigen, alles zu verstehen.

Ein großer Tag in Mexiko: Frankreich ist geschlagen. Briegel umarmt Beckenbauer vor dem heraneilenden Rummenigge. Das Finale ist erreicht

»Was pfeifen S' denn da?!« Auge in Auge mit Schiedsrichter Agnolin im Wiener Praterstadion

Nicht aber die Unsportlichkeit, die Uli an den Tag gelegt hat.

Nach der Weltmeisterschaft, das heißt ein Jahr drauf, hat mich Uli Stein angerufen, um sich zu entschuldigen. Nach Toni Schumachers Rausschmiß wollte er wieder in der Nationalelf spielen. Ich habe ihm gesagt: »Okay, Uli, ich bin nicht kleinlich, bei mir gibt es keine Ressentiments. Also wende dich an den Verband, entschuldige dich da.« Aber dann kam dieses Supercupspiel Ende Juli 1987 gegen die Bayern – und Steins Faustschlag gegen Jürgen Wegmann, und das Thema war erledigt. Da gibt es keine Möglichkeit mehr, schließlich sind Nationalspieler nach wie vor Vorbilder für die Jugend.

Diese »blöden« Torhüter. Bei Toni Schumacher war es sogar noch schlimmer. Er war mein Kapitän, der Oberfußballer also. Man hatte mich vorgewarnt, also habe ich ihn gefragt: »Toni, du schreibst ein Buch? Ich habe da Erfahrung. So ein Verlag will Auflage machen mit dir, also will er Interna lesen.« Er: »Kein Problem. Was ich da schreibe, hat alles schon irgendwo gestanden.« Ich: »Hoffentlich, sonst gibt's Ärger.« Am Anfang dachte ich noch, die Leute reagieren in übertriebener Hysterie. Dann habe ich mir das Buch besorgt. Und ich war sauer. So geht es nicht. Er ist der Kapitän, also hat gerade er sich, verdammt noch mal, an seine Vorbildfunktion zu halten. Das hatte mit dem Ehrenkodex nichts mehr zu tun, dieses Buch ist nur zum Geldverdienen geschrieben worden.

Für mich ist die Sache mit Toni Schumachers Ausschluß aus der Nationalmannschaft erledigt. Der Vorgang ist eine offizielle Angelegenheit, das heißt eine Sache des DFB. Ich kümmere mich nicht mehr darum. Jetzt ist Eike Immel meine Nummer eins im Tor.

Als ich meine Aufgabe als Teamchef in Angriff nahm, habe ich gesagt: »Wir haben zehn Jahre gebraucht, von 1974 bis 1984, um so weit abzudriften mit unserem Niveau. Wahrscheinlich wird es

noch einmal zehn Jahre dauern, bis wir wieder oben angekommen sind.« Für die Generation, die ich 1984 übernommen habe, wollte ich die Hand einfach nicht ins Feuer legen. Talente hatten wir, ja, für die Zeit nach der Weltmeisterschaft. Thon, Matthäus, Rahn, für sie kam Mexiko im Grunde noch zu früh, deren Perspektiven habe ich immer eher für 1988 gesehen.
Jetzt sind sie da. Und noch ein paar mehr. Spielerisch, das ist ganz sicher, haben wir im nächsten Jahr einiges mehr zu bieten als in Mexiko. Nur bleibt die Frage, ob diese neue Mannschaft, ob diese jungen Spieler auch das Herz mitbringen, diesen unbedingten Willen, auch das Letzte zu geben. Das heißt, ich werde mir für die Europameisterschaft die Spieler nicht nur auf ihre technische Beschlagenheit hin aussuchen. Ich will keine brotlose Kunst. Die Mischung muß stimmen, wie immer. Aber da ist mir nicht bange. Wir haben große, erfahrene Spieler, die mir die Arbeit nur dadurch erschweren, daß sie im Ausland spielen. Rudi Völler, für mich nach wie vor der beste Stürmer Europas, in Italien, beim AS Rom. Klaus Allofs, der bis 1988 mein Kapitän bleiben wird, weil ich ihn dazu bestimmt habe, in Frankreich, bei Olympique Marseille. Ebenso wie Karlheinz Förster. Und Thomas Berthold spielt in Verona. Eine Entwicklung, die ich mit einem lachenden und einem weinenden Auge sehe. Mit ihrem Wechsel ins Ausland haben sie alle für ihre Persönlichkeitsentwicklung das Richtige getan. Für ihre sportliche Entwicklung möglicherweise auch. Es gibt aber auch Gegenbeispiele. Pierre Littbarski kam in Paris nicht zurecht. Und dann bedeutet es jedesmal eine Umstellung für die sogenannten »Legionäre«, die es gewohnt sind, »italienisch« oder »französisch« zu trainieren, wenn sie zur deutschen Nationalelf kommen. Trotzdem, ich meine, wer auf diese Spieler verzichten will, der muß schon ein Größenwahnsinniger sein. Sie vor Ort zu beobachten wird für mich ein so großes Problem nicht sein. Von München ist es mit dem Flugzeug nach Rom, Mailand oder Marseille nicht wesentlich weiter als nach Hamburg oder Bremen. Die permanente Beobachtung ist nur schwieriger, weil sich im Ausland ein verläßliches Informantennetz einfach nicht knüpfen läßt.

Es frage mich niemand nach einem konkreten EM-Tip! Soll ich sagen, Deutschland wird Europameister, weil man uns im eigenen Land ohnehin ganz oben erwartet? Der Heimvorteil macht es uns nicht unbedingt leichter. Zu Hause spielen heißt agieren müssen. Nicht reagieren, was bislang eher unsere Stärke war. Wir müssen lernen, die Dinge selbst in die Hand zu nehmen. Und ich bin sicher, wir kommen dahin. Wir werden bei der EM eine gute Rolle spielen, denn die neue Generation ist gut. Besser, als ich es einmal erwartet habe. Ich glaube, der deutsche Fußball ist auf dem richtigen Weg. Ein gutes Stück will ich ihn dabei noch begleiten. Die EM 1988 ist Zwischenstation, die WM 1990 wahrscheinlich Endstation für mich als Teamchef. Dann könnten andere ran. Wir sind alle austauschbar. Nur der Fußball nicht. Der wird immer leben.

Blick zurück auf die bisherige Zeit als Teamchef: große Erfolge und unerwartete Niederlagen

Erinnerungen an die großen Tage beim FC Bayern und in der Nationalmannschaft: Mit Gerd Müller und Sepp Maier traf sich Franz auf ein Bier

»Drei Münchner Freunde: Selten verlieren wir uns einmal für mehrere Wochen aus den Augen«

Sepp Maier Gerd Müller

Die weltberühmte Längsachse, um die sich alles drehte: Torhüter, Libero und Mittelstürmer

Weißwürste. Was werden drei Münchner Freunde zum Mittagessen schon anderes bestellen als Weißwürste. Vier für den Sepp, drei für mich, zwei für den Gerd. Und Weißbier. Sepp trinkt alkholfreies.

Ein Samstagmittag wie aus dem bayerischen Bilderbuch. Weißblauer Himmel über München, die Sonne scheint angenehm warm. Am Nachmittag spielt der FC Bayern im Olympiastadion, am Vormittag hat Sepp Maier seine Frau zum Flughafen gebracht, Gerd Müller hat Tennis gespielt, ich hatte Termine in der Stadt. Drei Freunde und die Dinge, die ihr Leben bestimmen: die Frau, der Sport, das Geschäft.

Selten verlieren wir uns einmal für mehrere Wochen aus den Augen. Genauso selten, daß wir uns dann nicht zum Essen, zum Ratschen treffen wie an diesem Samstag im »Spaten-Haus«. Prominentenspiele, Nostalgiekicks, die sogenannte »Alte Liga« des FC Bayern – da laufen wir uns über den Weg. Eben da, wo der Ball noch rollt für uns. Wo manch einer noch denselben Ehrgeiz an den Tag legt wie früher. Der Wolfgang Overath zum Beispiel. »Und wo sich manch einer schon nach zehn Minuten eine Zerrung holt. Der Franz Beckenbauer zum Beispiel«, pflaumt Gerd Müller mich an.

Günter Netzer hat sich bei einem ähnlichen Anlaß gerade einen Bänderriß zugezogen. »So was macht man ja auch nicht mehr in dem Alter«, sagt der Sepp. Ich demonstriere ihm, was unsereins heutzutage vorzieht: Meine Arme mit dem imaginären Golfschläger schwingen durch das halbe Lokal. Gerd läßt nicht locker: »Ich habe heute morgen ein Bild von dir in der Zeitung gesehen. Hast beim Golfen eine gute Figur gemacht – als Zuschauer neben Gary Player.« Player ist ein Weltklassemann. »Player?« fragt Sepp, »ich kenn' nur John Player Special. Ist das der Sohn?«

Wir lachen und wir feixen, wir klopfen uns auf die Schenkel und auf die Schultern, und es ist wieder einmal wie früher. Der Ball spielt immer noch die Hauptrolle in unserem Leben. Gerd und Sepp jagen wie die Wahnsinnigen der Tenniskugel nach. Dafür

Drei alte »Spezeln« beim Stadtbummel in München. Nach ihrer Bayern-Zeit gingen Beckenbauer, Maier und Müller jedoch getrennte Wege

steht mein Golf-Handicap mittlerweile bei 10. »Tennis ist langweilig«, werfe ich in die Runde. Sepp Maier nimmt den Ball auf, kontert: »Beim Tennis mußt du dich wenigstens bewegen. Aber Golf ist was für alte Leute, da hast du höchstens müde Füße.«

Noch einer Marke Müller: »Wo wir grad' beim Thema sind: Wie geht's eigentlich dem Gichtl?« Gelächter. Gichtl, so haben wir immer unseren Bayern-Manager, meinen Freund Robert Schwan, genannt. Und der kraxelt auch heute noch ganz beachtliche Berge hinauf.

Freundschaft. Ich mag den Begriff nicht überstrapazieren. Viel Mißbrauch ist damit getrieben worden. Vor allem im Profifußball, wo es allzuviel Freundschaft weiß Gott nicht gibt. Und trotzdem oder gerade darum: Ich will von Freundschaft reden, wenn es um eine Beziehung zu Sepp Maier und Gerd Müller geht. Wann immer ich Freunde brauchte, an die beiden würde ich zuerst denken.

Was haben wir alles erlebt zusammen. Beim FC Bayern, in der Nationalelf, in der Bundesliga, bei Welt- und Europameisterschaften. Was wir gewonnen haben, das haben wir gemeinsam gewonnen.

Bundesliga-Aufstieg 1965. DFB-Pokal 1966 und 1967. Der Gewinn des Europacups der Pokalsieger 1967. Deutscher Meister und DFB-Pokalsieger 1969. Platz drei bei der schönsten aller Weltmeisterschaften: Mexiko 1970. DFB-Pokalsieg 1971. Europameister 1972. Deutscher Meister 1972, 1973, 1974. Weltmeister 1974. Gewinner des Europacups der Landesmeister 1974, 1975, 1976. Und immer dieselbe Achse: Sepp Maier im Tor, Franz Beckenbauer als Libero (oder im Mittelfeld), Gerd Müller in der Sturmspitze. Erfolgreicher als wir drei kann wohl keiner sein. Der Sepp, der Gerd, das waren Jahrhundertspieler, wir drei zusammen, das war ein Glücksfall. Unsere Zeit war die schönste und die erfolgreichste für den deutschen Fußball. Eine Zeit, die uns keiner nehmen kann.

Sepp Maier konzentriert sich auf das Spiel. Im Tor hörte für ihn (normalerweise) der Spaß auf

»Weißt du noch?«, so beginnen wir an diesem Samstagmittag immer wieder. Und Gerd Müller bekommt einen ganz sehnsüchtigen Blick hinter den goldgeränderten Brillengläsern: »Weißt du noch, was wir damals für einen Blödsinn getrieben haben? Das war schon eine Riesengaudi.« Die Fußballer heute dagegen, meine ich, braucht man sich nur einmal anzuschauen: So brav, wie sie dasitzen, so brav spielen sie auch Fußball. Kaum einer spielt super, kaum einer schwach. Alle sind mehr oder minder gleich. Bei uns war das Leistungsgefälle weitaus größer: Sechs Spieler hielten das Niveau, der Rest wurde durchgeschleppt. »Wir sind damals zusammengewachsen, die heute sind zusammengekauft. Das ist der Unterschied«, sagt Sepp Maier.

Der Sepp und der Blödsinn, das gehörte immer zusammen. So ist es, seit wir uns kennen. Und wir kennen uns mehr als ein halbes Leben lang. Für mich hat alles beim SC 1906 München begonnen, für Sepp Maier beim TSV Haar. Wir kamen ungefähr zur gleichen Zeit zum großen FC Bayern. Mein erster Trainer war der Neudecker Franz. Der hatte nach einer Kriegsverletzung nur noch ein Bein, lief an zwei Holzkrücken, und wenn er beim SC 1906 mittrainierte, sind wir Buben im direkten Zweikampf meist nur zweiter Sieger geblieben gegen ihn. Er hat mir die Begeisterung am Fußball vermittelt. Dann bestimmte jene Ohrfeige meinen weiteren Weg, die mittlerweile schon Fußballgeschichte gemacht hat. Wie bei jedem Buben im Arbeiterviertel Giesing hat der TSV 1860 München auch in meinen Träumen die Hauptrolle gespielt.

Die Sechziger und Giesing, das war eins, und Schwabing mit seinem neureichen FC Bayern weit weg.

Bis wir beim Münchner Schülerturnier mit dem SC 1906 das Endspiel gegen den TSV 1860 erreichten. Mein Gegenspieler war groß und kräftig und schimpfte mich bei jedem Zweikampf einen Deppen. Günter Jahnke hieß er. Dann schob ich ihm den Ball durch die Beine, schoß ein Tor – und fing mir eine schallende Watsch'n von ihm. Womit das Thema sechzig erledigt war. »Jetzt geh'n wir zu den

Maier war der Held des Europacup-Sieges 1972 gegen Leeds United: Mit Hilfe von Beckenbauer klärt er vor Clarke, dann hält er den Ball im Flug

Bayern«, gab ich damals den Mitspielern die Parole aus.
Mein neuer Trainer hieß Rudi Weiß, ein Rechtsanwalt. Und mein neuer Torwartkollege hieß Sepp Maier, ein Verrückter. Und der lief mir nicht nur auf dem Fußballplatz über den Weg.
Die Volksschule hatte ich mit 14 verlassen. Weil ich gerne rechnete, wollte ich Kaufmann werden und ging deshalb als Lehrling zur Allianz-Versicherung. 90 Mark im Monat, das war mein erstes selbstverdientes Geld, im zweiten Lehrjahr waren es schon 120, und mit 18 hatte ich es zum Sachbearbeiter in der Kfz-Abteilung gebracht. Für mittlerweile 450 Mark im Monat sollte ich die Vertragspolicen mit den Endziffern 6 und 7 ordnen, was mir irgendwann keinen Spaß mehr machte.
Bei der Allianz gab es aber auch Agnes und Ingrid, und die waren weitaus interessanter. Agnes war Lehrling wie ich, und am Abend hat unser Torwart, der Maier Sepp, sie immer abgeholt. Beim Training wurde ich dann von ihm regelrecht ausgehorcht über sie. Ingrid war drei Jahre älter als ich und hatte pechschwarze Haare. Als sie ein Kind von mir bekam, unseren Sohn Thomas, hat mich Trainer Weiß erst mal aus der Mannschaft geschmissen. Der Sepp hat seine Agnes später geheiratet.
»Du und deine Weibergeschichten damals«, flachst der Sepp heute. »Du warst schon mit 16 so weit wie wir mit 20. Und Frauen und Fußball hat's damals in der Kombination noch nicht gegeben. Entweder oder. Als Fußballer durftest du dir die Frauen doch höchstens mal im ›Playboy‹ anschau'n — aber dich nicht dabei erwischen lassen.«
Auf jeden Fall waren wir schnell Freunde, der Sepp und ich. Ein Gaudibursch war er, wie gesagt, schon immer. Und Wetten hat er dauernd angeboten, die verrücktesten Wetten. Ich erinnere mich noch an einen Wintertag, es hatte geschneit, und als Jugendliche fanden wir damals Vergnügen daran, im Schnee zu trainieren. An der Säbener Straße gab es noch nicht die schönen Vereinsanlagen von heute, unsere Umkleidekabine war eine alte Holzbaracke. Der Sepp schnappte sich den Adam, unseren Halbrechten: »Was zahlst du, wenn ich jetzt rausgeh' und nackert durch den Schnee lauf'?« Am hellichten Tag. »Einen Leberkäs' mit Ei« hat der Adam geboten. Das Fenster flog auf, der Sepp flitzte splitternackt über den Platz und hat sich später im »Café Knoll«, gegenüber an der Grünwalder Straße, den Bauch vollgehauen.
Nur ein Beispiel von unzähligen. Auch als Profi hörte er mit dem Unfug nicht auf. In Dortmund wohnten wir in einem Hotel, vor dem ein Weiher

Eine Szene aus dem Jahr 1967: Der Sepp geht seinem Freund nur scheinbar an den Kragen

lag. »Also, was zahlt ihr, wenn ich aufsteh' und reinspring'?« rief der Sepp. Jeder hat zehn Mark hingelegt, und schon saß er in voller Montur im Wasser. Mag sein, nicht jeder Spaß war echt. Vielleicht hat sich der Sepp auch hin und wieder mal in seiner Clownsrolle gefallen. Aber dennoch: Humor läßt sich nicht lernen. Sein Witz, seine Komik, das ist Veranlagung, sein Naturell. Ein echtes Talent. Sepp hätte ganz bestimmt auch einen guten Volksschauspieler abgegeben.

Nach dem Länderspiel machen sich die beiden Münchner wieder stadtfein

Doch es ist ihm nicht alles so leichtgefallen, wie es oft den Anschein hatte. Was so locker aussah, auf dem Fußballplatz und auch außerhalb, das war meist das Ergebnis knochenharter Arbeit. Für Sepp konnte ein Training nie lange genug sein. Wenn die anderen schon längst unter der Dusche standen, hat er noch eine Sonderschicht eingelegt. Gerd Müller und ich hatten auf dem Gebiet sicher weniger Ehrgeiz. Und auch ein Hobby wie die Zauberei geht einem nicht einfach so von der Hand. Wer nicht mit äußerster Geduld, mit aller Energie und einer gewissen Liebe zur Perfektion an sich arbeitet, der wird im Leben nicht ein einziges Mal ein Kaninchen aus dem Zylinder zaubern können. Und der Sepp konnte noch viel mehr.

Sepps Rolle als Clown kann gar nicht hoch genug eingeschätzt werden. Er war in der Mannschaft fürs Klima zuständig. Er konnte die Stimmung auflokkern, wie er wollte. Und er konnte sie auch aufheizen. Je nach Bedarf. Er hatte eine Antenne dafür.

Und so ganz nebenbei war er auch noch der beste Torwart der Welt.

Menschlich und sportlich habe ich Sepp Maier viel zu verdanken. Unter anderem auch eine Wirbelsäulenverschiebung, derentwegen ich nie zur Bundeswehr mußte. Sepp war mir einmal ins Kreuz gesprungen.

Ein guter Torwart ist für einen Libero die halbe Miete. Bei einem schlechten mußt du den Gegner schon an der Mittellinie kontrollieren. Bei einem guten kannst du ihn auch schon mal aus kurzer Distanz aufs Tor schießen lassen. Das Wissen von der Stärke des Torwarts Sepp Maier war sicher auch ein Grund für den Offensivdrang des Liberos Franz Bekkenbauer. Ich konnte immer ohne Risiko nach vorne gehen, weil ich wußte, hinten werden der Sepp und Katsche Schwarzenbeck schon aufpassen. Natürlich hatten wir auch manchen Strauß auszufechten. Aber durchaus in aller Freundschaft. Nach der Weltmeisterschaft 1974 zum Beispiel. Da haben wir beim FC Bayern Tribut zollen müssen für diese gigantische Saison. Udo Lattek ging, Dettmar Cramer kam, wir waren ausgebrannt, und alle hatten

Deutschland ist Fußballweltmeister. Unter dem Zeltdach des Olympiastadions die erste Umarmung

Sepp Maier rettet, Beckenbauer und Vogts brauchen nicht mehr einzugreifen. Es bleibt beim 2:1. Die Holländer sind besiegt

Die Sieger (v. lks.): Höttges, Maier, Flohe, Müller, Grabowski, Breitner, Schwarzenbeck, Cullmann, Nigbur, Hoeneß, Heynckes, Bonhoff, Helmut Schön, Beckenbauer, Hölzenbein, Vogts, Overath

»Fußball ist unser Leben«, so sang die Nationalelf 1974 auf Platte. Und die wurde ein Hit

Jagd auf uns gemacht. So etwas bleibt nicht in den Kleidern stecken. Gleich im ersten Spiel gegen Offenbach habe ich dem Sepp einen Ball ins eigene Tor gesetzt, an dem es wirklich nichts mehr zu halten gab. Eine Woche drauf, in Berlin, nahm ich den Ball gleich volley, wieder ins eigene Netz, und Sepp schimpfte: »Auf dich muß der Katsche ja mehr aufpassen als auf den Gegner.« Spaß war das, kein wirklich böses Wort, und schnell vergessen.

Für mich war und ist der Sepp ein Phänomen. Wäre bloß dieser 14. Juli 1979 nicht gewesen. Es hat geschüttet wie aus Kübeln an diesem Tag, das Wasser lag gefährlich auf der Autobahn A 94, Aquaplaning. Sepps Fahrzeug bohrte sich in ein anderes, zwei Schwerverletzte auf der einen Seite, Sepp brach sich sechs Rippen, den Arm, das Brustbein. Das Zwerchfell bekam einen langen Riß. Teile der Leber waren in die Lunge gedrungen, erst drei Tage später konnte er operiert werden.

Der Wahnsinnige. Vier Monate später stand er schon wieder auf dem Platz. Er hat sich gemartert und gequält, geschunden und geopfert. Aber das Schicksal läßt sich nicht zwingen. Der Kampf war vergeblich. Aus dem Comeback, für das er sich mit seinem unbändigen Ehrgeiz verzehrt hatte, wurde nichts. Was blieb, war die Sportinvalidität, eine Versicherungsprämie als Schmerzensgeld, ein Abschiedsspiel im Olympiastadion.

Und ich behaupte jetzt noch: Wäre dieser Unfall nicht gewesen, Sepp Maier würde hundertprozentig heute noch spielen. Im Tor des FC Bayern München und im Tor der Nationalmannschaft. Ob 43, 45 oder wieviel auch immer, das Alter würde keine Rolle spielen. Aber der Sepp würde eine spielen. Alle, die da nach ihm kamen, konnten und können ihm das Wasser nicht reichen. 95 Länderspiele, 473 Bundesligaspiele, 442 davon in Folge, das soll ihm, bitte schön, erst mal einer nachmachen.

Auch Gerd Müller hat seine Bestmarken. Und ganz sicher gibt es niemand, der auch nur kratzen könnte an diesen Rekorden. Nicht mal auf Sichtweite wird in absehbarer Zeit da einer heranreichen können. 365 Tore, das muß man zweimal sagen, 365 Tore in 427 Bundesligaspielen. Oder 68 Tore in 62 Länderspielen. Das ist eine Quote von mehr als einem Tor pro Spiel. Siebenmal war Gerd Müller Torschützenkönig der Bundesliga.

Gerd und Sepp, zwischen ihnen lagen oft Welten. Der eine hat das Maul manchmal gar nicht mehr zugekriegt, bei dem anderen war es bisweilen mühsam, überhaupt nur ein Wort herauszukriegen. So war es auch 1964. Sepp schon das gestandene Selbstbewußtsein, Gerd der wortkarge Neuling aus Nördlingen, von dem wir alle nur wußten, daß er angeblich jede Menge Tore schießen würde. Gerd Müller erinnert sich: »Der Kotter Alex, der Friseur, hat mich beobachtet und den Bayern empfohlen.«

Für uns schien das alles nur ein Irrtum zu sein. »Einen Wunderstürmer hatten sie uns angekündigt«, erzählt Sepp Maier, »und als er das erste Mal kam, haben wir gedacht: Das darf doch nicht wahr sein. Dicke Oberschenkel, jede Menge Babyspeck, mindestens zehn Kilo zuviel.« Der vermeintliche Torjäger fühlte sich nicht gerade willkommen im erlauchten Kreis der Bayernspieler. Er wollte am liebsten gleich wieder weg. Gerd Müller: »Ich hab' nur gedacht: Meine Güte, was willst du denn bei denen?«

»Kleines dickes Müller« hat ihn der damalige Bayerntrainer Tschik Cajkovski schnell getauft, und Tschik war ja nun auch nicht gerade das wandelnde Beispiel für einen Hungerkünstler. »Sie Bohnenstange, unten nichts, Mitte nichts, oben nichts. Sie mehr essen. Nix Frauen, nix rauchen, nix saufen.« Das waren die ersten Sätze, die ich schon vorher von unserem Trainer zu hören bekommen hatte.

Gerd Müller geriet damals in die Zeit, in der wir mit Tschik zu unseren Besprechungen sinnigerweise immer in den »Salvator-Keller« gezogen sind. Dort bekamen wir auf Geheiß des Trainers dessen Geheimrezept vorgesetzt: Rotwein mit Ei und Traubenzucker. »Bringt Kraft«, meinte Tschik. Hernach waren wir gekräftigt — aber vorwiegend beschwipst. »Weißt du noch«, sagt Gerd, »eine schöne Zeit.« Die schönste? »All unsere gemeinsamen Jahre, alle waren sie die schönste Zeit.«

Im ersten Jahr, erinnert sich Gerd, hat er ganze 160 Mark im Monat verdient. Und erst kein Bein auf die Erde gekriegt. Bis Wilhelm Neudecker, unser Präsident, den Trainer überredete, den Neuen endlich einmal mitspielen zu lassen. Zwei Jahre drauf war er Nationalspieler. 1968 kam der strenge Branko Zebec als Trainer, und Gerd Müller hat schnell auch das letzte Gramm Übergewicht verloren. Zebec brachte ihn auf den Weg, der gefährlichste Mittelstürmer der Fußballgeschichte zu werden.

1967 in Kaiserau: Franz und Gerd empfangen ihre Ausrüstung für das Spiel gegen Albanien

Mein Gott, was waren das für Tore! Kein Mensch hat das begreifen können. Hatte der Mann ein Geheimnis? Einen einzigartigen Instinkt? Oder hatte er etwa hinten Augen? Nicht einmal für uns Mitspieler war das logisch zu erfassen. Wie oft haben wir ihn zu packen gesucht, und immer ist er uns entwischt. Wie oft habe ich im Training zu Katsche Schwarzenbeck gesagt: »So, jetzt hau'n wir ihn aber um!« Und was war? Eine Drehung, noch eine, und Katsche und ich haben auf dem Arsch gesessen. Und der Gerd war weg.

Niemals habe ich jemanden mit besseren Reflexen erlebt. Nie jemanden mit größerer Wendigkeit. Irgendwie kam ihm dabei sein unproportionierter Körper zugute. Der gedrungene Unterkörper, der etwas längere Oberkörper, die kurzen Beine, das machte ihn wendig, schnell, beweglich — unfaßbar. Ein Wendekreis von der Größe eines Bierdeckels.

Beckenbauer gegen Müller, »Fort Lauderdale« gegen »Cosmos« — ein solches Duell hätten sich die beiden in ihren Münchner Zeiten wohl nicht träumen lassen

Gerd Müller, der »Bomber der Nation«, war der Schrecken aller Torhüter. Für Deutschland schoß er in 62 Spielen 68 Tore

Gerd Müller in Aktion: 1970 gelingt ihm gegen England das entscheidende 3:2. Beim EM-Finale 1972 erzielt er gegen die UdSSR das 3:0 (M., u.)

Und der Riecher, immer im richtigen Moment am richtigen Fleck vor dem Tor des Gegners aufzutauchen, ist angeboren, so etwas kann man nicht lernen.

Es hat nie einen gegeben wie den Gerd. Nicht vor ihm und nicht nach ihm. Mag sein, es kommt noch mal einer, irgendwann. Aber sehen kann ich ihn bisher nicht.

Gerd und ich, wir haben uns glänzend ergänzt. Unser Doppelpaß war nicht nur auf den Fußballplatz beschränkt. Jahrelang haben wir im Trainingslager das Doppelbett geteilt. Er die linke Seite, ich die rechte. Mit Gerd habe ich damals mehr im Bett gelegen als mit meiner Frau. Wir waren schlichtweg das Traumpaar. In aller Eintracht haben wir abends auf dem Zimmer so manche Rotweinflasche geköpft. Und morgens war er der Frühaufsteher und ich der Langschläfer, eine gute Ergänzung also. Harmonischer als zwischen uns beiden hätte es nicht zugehen können.

Aber auch sein Ende war nicht das Ende, das ich ihm gewünscht hätte. Von 1968 bis 1974 hat er Tore geschossen wie aus dem Maschinengewehr. Nach der Weltmeisterschaft 1974 aber, mit 28 Jahren, hat er, verärgert über die DFB-Funktionäre, von sich aus seinen Rücktritt aus der Nationalmannschaft erklärt. Das war schade und falsch. Danach hat er sich selbst nicht mehr gefordert und sich hängen lassen. Damit kamen dann auch die Verletzungen. Für den Verein hat es damals noch gereicht. Aber weil er international nicht mehr spielte, hat er viel von seiner Explosivität verloren. Ich habe oft versucht, ihn umzustimmen. Aber der Gerd ist stur wie ein Maulesel. Ein Dickkopf, wie es selten einen gibt. Verärgert über den FC Bayern ist er 1979 nach Amerika gezogen, zu den Fort Lauderdale Strikers. Diese Zeit hat er sicher nicht bereut. Sie war eine gute Lehre für ihn.

Weißbier und Weißwürste. Vier für den Sepp, drei für mich, zwei für den Gerd. Und immer wieder: Weißt du noch? Wir brauchen die Vergangenheit nicht, aber die Erinnerung tut gut. Sepp sorgt sich um sein Auto, das er mitten auf dem Max-

Joseph-Platz im Halteverbot abgestellt hat. Mein Wagen steht in der Tiefgarage. Gerd hat sich von seinem Tennispartner bringen lassen.
Lebenskünstler, die beiden, irgendwie. »Ich hab' ein gutes Leben. Ich mach', was ich will«, sagt Gerd Müller. Das Steakhaus in Fort Lauderdale führt der Kompagnon, nur noch zur Touristenzeit muß er für vier Wochen rüber, sich sehen lassen. Ansonsten? Tennis, jede Menge. Fußball, hin und wieder. Autogrammstunden, so viele wie früher.
Bei Sepp Maier das gleiche. In Anzing steht sein Tenniscenter, 13 Plätze im Freien, vier in der Halle. Der Laden läuft mittlerweile auch ohne ihn. Die Leute mögen den Sepp immer noch wie einst. Sie fragen nach ihm. Er ist gefragt. Im Fernsehen macht er Sendungen wie »Kaum zu glauben«. In der Werbung empfiehlt er Rasierapparate und vieles mehr. In den Zeitungen schreibt er Kolumnen. »Mir geht es gut, was sonst?« sagt er.
Flachserei ist wieder angesagt. Doppelpaß diesmal mit Sepp Maier.
Sepp: »Wir schlängeln uns durchs Leben, und du verdienst das große Geld.«
Ich: »Es hat sich eben nichts geändert: Der einzige, der arbeitet, bin ich.«
Sepp: »Weil du nie genug kriegen kannst.«

1970 in Malente zur Vorbereitung auf die Weltmeisterschaft: Entspannung nach dem Training

Lew Jaschin, dem vor einigen Jahren das rechte Bein amputiert wurde, führt seinen Gast ins Lenin-Stadion, wo er einst fast unbezwingbar war

»Mit zehn habe ich zum erstenmal von diesem Wundertorwart gehört«

Lew Jaschin

Lew Jaschin, »die schwarze Spinne«, gilt als der vielleicht beste Torhüter aller Zeiten

Lew Jaschin hakt sich mit seinem rechten Arm bei mir unter. Langsam gehen wir durch den Tunnel hinaus in das leere Lenin-Stadion. Der naßkalte Morgen hat noch ein paar Nebelschwaden zurückgelassen. Sie hängen wie graue Schleier über Moskaus mächtigster Sportarena. Zögernd setzt Lew Jaschin bei jedem Schritt den Krückstock ein. Ich weiß nicht, wie oft, bestimmt ein paar tausendmal, bin ich diesen Weg aus dem Innern eines Stadions hinaus auf das Spielfeld gegangen. Doch nie zuvor habe ich mich so trostlos gefühlt wie in diesem Augenblick.

»Dawai, Franz!« Lew Jaschin stößt mich mit seinem Ellbogen in die Seite, als wolle er mich damit auf andere Gedanken bringen. Hat er sich an jenen tropisch-heißen Abend von Rio de Janeiro erinnert, als wir im Dreß der Weltauswahl gemeinsam ins gigantische Maracana-Stadion einliefen? Als der Beifall von 150 000 Menschen wie ein Gewitter über uns zusammenschlug?

Seither sind zwei Jahrzehnte vergangen.

»Oh, Gospodi, Lew Iwanowitsch! Daß wir Sie wieder bei uns sehen. Welch eine Freude.« Drei alte Frauen, in grauen Steppjacken und klobigen Filzstiefeln, werfen ihre Kehrbesen weg, um Lew Jaschin die Hand zu drücken. Die Alten sind den Tränen nahe. Auch Lew ist gerührt. Fast rutscht ihm seine Baskenmütze vom Kopf, als er die Frauen auf die Wangen küßt und sich erkundigt: »Was macht die Gesundheit? Wie geht es den Enkelkindern?«

Gennadi Logofet, ein ehemaliger Nationalspieler und Jaschins Freund, ist mit dabei und übersetzt mir diese Wiedersehensszene. Und er sagt auch, wie taktvoll die Frauen die sonst übliche russische Begrüßungsfrage nach Gesundheit und Wohlergehen ausgelassen haben. Zu bitter wäre die Antwort gewesen. Lew Jaschin, er ist 1930 in Moskau geboren, dieser legendäre Torhüter, den sie »die schwarze Spinne« genannt haben, ein Idol nicht nur für die Fußballfans in seinem eigenen Land, ein Fußballbesessener, mit dem mich so viele Erinnerungen verbinden, ist heute ein schwer lädierter Mann.

Wie viele Fußballanhänger hatte ich erschüttert die Nachricht in unseren Zeitungen gelesen: »Lew Jaschin, einem der berühmtesten Torhüter der Welt, ist in einer Moskauer Klinik das rechte Bein am Oberschenkel amputiert worden.« Ich war damals tief getroffen, so, als ob einem meiner engsten Freunde dieses Unglück zugestoßen wäre.

Wir bleiben auf dem Rasen des Lenin-Stadions stehen. Lew stochert mit seinem Stock in der Grasnarbe, als wolle er prüfen, welche Stollen er gleich unter seine Fußballschuhe schrauben müßte. Ich glaube, Fußballer sind alle auf Lebenszeit Rasenexperten.

Hier haben wir im August 1986 mit unserer Nationalmannschaft 1 : 0 verloren. Mich hatte die sowjetische Elf damals sehr beeindruckt. Da war ein neuer Geist gewesen in dieser Mannschaft. Freier, frischer. Vielleicht waren, wie so oft, politische und gesellschaftliche Strömungen zuerst im Fußball sichtbar geworden. Glasnost auf dem Rasen. In Mexiko, bei der Weltmeisterschaft, wurde diese Entwicklung ganz deutlich sichtbar. Die Sowjets hatten sich von dem Gedanken getrennt, auch eine Fußballelf müsse ein Kollektiv sein. Sie spielten individualistisch, offensiv, ließen sich von der Eingebung des Augenblicks leiten.

Und sie hatten — das war die gedankliche Verbindung zu dem Augenblick hier auf dem Rasen mit Lew Jaschin — wieder einen großartigen Torwart: Dassajew. Er galt zusammen mit Toni Schumacher und Jean-Marie Pfaff als der beste der Welt. Natürlich, mit Jaschin war er nicht zu vergleichen. Und als er dann im Achtelfinale im Spiel gegen die Belgier ausschied (obwohl die sowjetische Mannschaft besser spielte als jemals eine andere Auswahl des riesigen Reiches), glich sein sportliches Schicksal dem Jaschins: Auch der große Lew hatte nie einen internationalen Titel gewonnen.

»Dort, im anderen Tor da drüben, da habe ich mein letztes Spiel gemacht«, beginnt Jaschin zu erzählen. »Das war am 27. Mai 1971. Ich spielte mit meiner Mannschaft Dynamo Moskau gegen eine Europaelf. Alle waren dabei, Gerd Müller, Willi Schulz, Bobby Charlton, Eusébio aus Portugal — nur du nicht, Franz. Hast wohl damals keine Zeit gehabt?«

Das war es nicht. »Nein, ich war krank. Nierensteine. Der Arzt ließ mich nicht spielen, schon gar nicht auf die weite Reise gehen. Mir hat das damals sehr leid getan, ich wäre gern dabeigewesen.« Mir scheint, als habe er auf diese Antwort schon lange gewartet.

»Ach, das ist alles vorbei.« Jaschin lächelt. Doch die wachen Augen unter den sich pfiffig nach oben schwingenden Augenbrauen bekommen einen melancholischen Ausdruck.

Jaschin war bei seinem Abschiedsspiel 41 Jahre alt. »Weißt du, Franz, als sie mich damals vom Platz trugen und mir über hunderttausend Zuschauer zuwinkten, da wurde mir tatsächlich bewußt: So, jetzt ist diese Zeit vorbei. Und glaube mir: Ich hatte Angst. Was kommt jetzt? Was kann ich von nun an machen? Es war kein leichter Tag.« Wir kehren um, spazieren langsam zurück in die warme Umkleidekabine des Lenin-Stadions. Der Platzwart hat eine Flasche Wodka organisiert, was — wie ich höre — gar nicht so einfach ist, seit Gorbatschow seine Kampagne gegen den Alkohol gestartet hat.

»Prost!« ruft Jaschin in die kleine Runde und guckt mich strafend an, als ich das Glas nicht in einem Zug bis zum Boden austrinke. Mein »Na sdorowje« klingt da nicht sehr überzeugend. Damit wir das Wässerchen nicht pur trinken müssen, kommt noch schwarzer russischer Tee auf den Tisch, und der Platzwart schneidet mit seinem Taschenmesser ein paar Tomaten auf, die ihm am Morgen wohl seine Frau eingepackt hat.

Jaschin sitzt in einem der bequemen Polstersessel, den Mantel offen, der Krückstock lehnt an der Wand. Umkleidekabinen sind in sowjetischen Sportstadien wie Wohnzimmer ausgestattet, mit dicken Teppichen, Bildern an den Wänden und einem dampfenden Samowar in der Ecke.

»Franz, du warst ein großer Fußballspieler. Du weißt, ich habe sie fast alle gekannt. Aber du konntest etwas, was ich immmer bewundert habe. Wie leicht und lässig hast du den Ball mit der Außenseite deines Fußes in die richtige Richtung geschla-

1955 stand Jaschin im Tor, als Deutschland im Dynamo-Stadion gegen die UdSSR mit 2:3 verlor

gen. Verrate mir endlich, wie du das gelernt hast.«
»Gar nicht, ich muß dich enttäuschen. Ich hab' schon als Kind den rechten Fuß beim Gehen nach innen gezogen. Meine Mutter hat deshalb oft mit mir geschimpft. Beim Fußball war es dann einfach am bequemsten, den Ball mit dem Außenrist zu schlagen. Andere müssen so etwas auf einem Lehrgang trainieren – mein Fuß war immer automatisch in der richtigen Position.«
Jaschin gießt die Gläser noch einmal voll. »Weißt du, wie das damals war, 1966 in Liverpool, als ich von dir dieses Tor kassierte? Nicht wir, sondern ihr seid anschließend zum Endspiel ins Londoner Wembley-Stadion gefahren. Du hast uns einen bitteren Tag bereitet. Besonders mir.«
Und wie ich mich an diesen Tag erinnern kann! Halbfinale bei der Weltmeisterschaft in England. Meine erste WM. Ich war gerade zwanzig. Um mich herum lauter gestandene Männer. Uwe Seeler, Karl-Heinz Schnellinger, Willi Schulz, Wolfgang Overath, Helmut Haller und all die anderen. Wir hatten die Schweiz mit 5 : 0 geschlagen, gegen die Argentinier 0 : 0 gespielt, dann Spanien dank Emmerichs Wundertor aus spitzem Winkel und Uwe Seelers Treffer ausgeschaltet, und nach dem 4 : 0 gegen Uruguay konnte uns nur noch eine Mannschaft den Einzug ins Finale verwehren: die Sowjetunion. Aber bei denen stand Jaschin im Tor.

Jaschin! Ich glaube, zum erstenmal habe ich im Sommer 1955 von diesem Wundertorwart gehört, als Deutschland in Moskau gegen Rußland spielte. Damals war ich zehn. Gleich um die Ecke von unserer Wohnung in München gab es in einer Gastwirtschaft einen Fernseher. Obwohl das Spiel in einer drei Tage alten Aufzeichnung gezeigt wurde, war das Lokal brechend voll.
Die Begegnung zwischen den ehemaligen »Feinden« war eine Sensation. Neben mir erzählten die Männer noch vom Krieg. »Jaschin hält!« rief der Sprecher immer wieder. Und Deutschland verlor damals 2 : 3, obwohl Fritz Walter dabei war und Helmut Rahn und Max Morlock. Doch Moskau, Jaschin, Rußland – mir war es damals, als spielten die auf einem anderen Stern.
Und dann, elf Jahre später, lief dieser Jaschin im Flutlicht des Goodison-Parks von Liverpool auf denselben Platz wie ich. Ich habe das Bild noch vor Augen. Ein schlanker, großgewachsener Mann, damals immerhin schon 36 Jahre alt. Wie immer trug er einen schlichten schwarzen Pullover, eine schwarze Hose und schwarze Strümpfe. Seine Hände schützte er mit mächtigen schwarzen Handschuhen, mit denen er sich ständig eine lange, glatte Haarsträhne aus der Stirn wischte.
Unsere Mannschaften schenkten sich nichts. Tschislenko mußte nach einem Foul an Held vom Platz. Ich hatte es mit Malofejew zu tun. Vor der WM in Mexiko war er Trainer der sowjetischen Mannschaft. Ja, und dann machte damals Helmut Haller das 1 : 0. Und ich schoß nach 68 Minuten das zweite Tor. Gegen Jaschin.

Lew nimmt seinen Stock und stellt ihn senkrecht auf. »Siehst du, genauso hoch kam der Ball«, sagt er und deutet auf den Griff seines Krückstocks, »ich habe ihn nicht kommen sehen.«
Erinnerungen. Neben dem Haupteingang des Lenin-Stadions gibt es ein Sportmuseum. »Laßt uns noch einen Blick hineinwerfen«, schlägt Jaschins Freund Logofet vor, »Lew hat da schon seine eigene Vitrine.«
Tatsächlich. Inmitten dieser Ruhmeshalle des so-

Mit einer schwarzen Wolga durch den Moskauer Luschniki-Park, in dem das Lenin-Stadion für 100 000 Zuschauer liegt

wjetischen Sports, zwischen vergilbten Urkunden, Pokalen, Fotos erfolgreicher Athleten, zwischen Sportgeräten aus der Steinzeit der Turnerei, der Leichtathletik oder des Skifahrens, liegen in einem Glaskasten die Erinnerungen an Lew Jaschin. Klar, der »goldene Fußball« für den besten Spieler Europas kommt mir bekannt vor. Aber daneben liegen noch Dutzende von Medaillen, Anstecknadeln, Fotos, Wimpel und allerlei Souvenirs.

Was für eine Karriere! Olympiasieger 1956 in Melbourne. Europameister 1960, er war bei den Weltmeisterschaften 1958 in Schweden, 1962 in Chile, 1966 in England und sogar noch als Ersatzmann 1970 in Mexiko dabei. In 78 Länderspielen stand er im Tor. 1954, damals war ich neun Jahre alt, wurde er mit seinem Club Dynamo Moskau zum erstenmal Sowjetischer Meister.

Aber es waren nicht allein die Titel, die ihn auszeichneten. Lew Jaschin war eine Persönlichkeit, wie wir im Fußball nur wenige hatten. Er strahlte eine menschliche Wärme aus, die in unserer Branche nicht häufig zu spüren ist. Und er war ein intelligenter Torhüter. Er tat immer das Einfache und damit das Richtige. Eigentlich war er der Libero seiner Elf. Er beherrschte nicht nur seinen Strafraum, sondern dirigierte die gesamte Abwehr. Und meist stand er da, wo der Ball hinkam, und mußte deshalb selten spektakulär durch die Luft segeln. Dabei war er unglaublich reaktionsschnell. Er hielt mehr als hundert Elfmeter. Vielleicht aber hatten die Schützen auch nur die Hosen voll, wenn sie plötzlich allein vor Jaschin standen.

»Kinder, da ist er ja, der Genosse Jaschin! Kinder, begrüßt unseren verehrten Lew Iwanowitsch.« Eine Museumsführerin, die gerade einer Gruppe schon etwas schläfrig gewordener Junger Pioniere von den Heldentaten des großen Jaschin erzählt hat, kann im ersten Augenblick ihren Augen kaum trauen. Der leibhaftige Jaschin im Museum!

Die Kinder klatschen artig Beifall. Wo immer mich Lew Jaschin in diesen drei Tagen in Moskau hinführt, ins Restaurant, ins Bolschoitheater, zu einem kleinen Stadtbummel oder hier ins Museum – überall erlebe ich rührende Szenen einer Verehrung, die so gar nichts zu tun hat mit dem lärmenden Starrummel bei uns.

»Wißt ihr denn, wer das hier ist?« fragt er die Kinder und deutet auf mich. Ratlose Gesichter. »Nun, das ist Franz Beckenbauer, ein großer Fußballer und Trainer der Auswahlmannschaft.« Der Freund aus der Bundesrepublik Deutschland scheint auf die Kinder keinen großen Eindruck zu machen. Doch höflich halten sie mir ihre Autogrammzettel hin. Zehn Beckenbauer gegen einen Jaschin, so ist wohl der Tageskurs unter den Sammlern.

Auf dem freien Platz vor dem Stadion steht ein großes Lenin-Denkmal. »Und für wen hat der gespielt?« flachse ich. Lew zupft sich an der Nase. »Oh, der Genosse Lenin war nur für die Taktik zuständig.«

Moskau. Am Abend zuvor bin ich angekommen. Lew Jaschin hat mich am Flughafen abgeholt. Im Rollstuhl, weil ihm das Warten sonst zu schwergefallen wäre. Erst ein paar Monate zuvor hatten wir uns gesehen, als ich mit der deutschen Mannschaft hier war. Doch da war's eben eine Fußballreise wie jede andere gewesen: Flughafen, Hotel, Stadion, Hotel, Flughafen. Nur bei einem kurzen Mittagessen vor dem Spiel hatte ich Jaschin mit anderen Vertretern des sowjetischen Fußballverbandes und des Sportkomitees getroffen. Damals hatten wir meinen privaten Besuch verabredet. Und nun: kein Training, keine Pressekonferenzen, keine Spannung vor und auch kein Ärger nach dem Spiel wie bei unserem letzten Länderspiel in Moskau. Jetzt kann ich diese Stadt mit anderen Augen sehen.

Wir fahren über den Moskauer Ring, mogeln uns durch den dichten Verkehr. Bunte Lichterketten hängen über den Straßen. Ganz Moskau scheint auf den Beinen zu sein. Ein alltägliches Bild, meint Lew. »Über eine Million kommen täglich aus der Umgebung und den anderen Republiken unseres Landes zum Einkaufen nach Moskau.« Besonders vor großen Staatsfeiertagen wie der Tag der Oktoberrevolution oder der 1. Mai. »Da will jeder etwas auf dem Tisch haben«, erläutert Jaschin. Und setzt hinzu: »Kannst ja mal mitkommen zur Parade

Szenen aus einem dramatischen Spiel: Deutschland besiegt die UdSSR 1966 in Liverpool mit 2:1 Toren. Im Mittelpunkt Jaschin und Seeler

auf dem Roten Platz.«

Auf dem Roten Platz bin ich schon am Morgen gewesen. Wachablösung vor dem Lenin-Mausoleum, ein Gang durch das Kaufhaus Gum, ein Bummel durch den Kreml-Garten und eine Führung durch die herrlichen Kirchen des Kreml. Vor der riesigen Ikonostasen-Wand in der Verkündigungs-Kathedrale hörte ich, wie jemand hinter mir sagte: »Ei guck mal, der sieht aus wie der Beckenbauer.«

Jetzt, bei der Exkursion im Auto, lassen wir die imponierenden Kreml-Mauern rechts liegen. »Dort ist das Bolschoitheater«, Lew spielt den Reiseleiter. Am Abend werden wir hier das Ballett »Giselle« sehen. Lew hatte es geschafft, Karten zu organisieren, eine Kostbarkeit in Moskau. Über die Gorki-Straße, vorbei am Puschkin-Denkmal und am Weißrussischen Bahnhof, wo die Züge in Richtung Westen abgehen, fahren wir stadtauswärts.

»Schau, Franz, dort auf der rechten Seite, da kommt gleich das Dynamo-Stadion. Da war mein Zuhause. Über zwanzig Jahre lang.«

Wie alle vielversprechenden Sporttalente war Jaschin schon früh bei einem der großen Sportclubs gelandet. Dynamo-Mannschaften gibt es in der gesamten Sowjetunion. Sie unterstehen dem Innenministerium. Dynamo-Sportler rekrutieren sich aus Angehörigen des KGB, der Miliz und dem Innenministerium. Der Armeesportclub »ZSK« ist ihr größter Konkurrent. Wer sich hier verpflichtet, dem bleibt der normale Armeedienst erspart. Doch die jungen Spieler erhalten dafür nur drei Rubel Sold im Monat und leben oft, selbst wenn sie in der ersten Mannschaft spielen, in den Gemeinschaftsunterkünften des Clubs. Lew Jaschin jedoch, der hat es bis zum Oberst gebracht. Das ist eben die in der Sowjetunion übliche Art, verdienten Sportlern auch nach ihrer Karriere eine gute Position zu sichern. Ich finde, das ist im Prinzip eine gute Sache.

»Lew, wo bist du hier in Moskau geboren?«

»Draußen, in der Nähe des Sokolniki-Parks. Dort bin ich auch aufgewachsen. Mein Vater war im Krieg nicht bei der Armee. Er war Spezialist in der Schleiferei. Als ich 14 war, mußte ich auch in die Fa-

best

KOHO

Lew Jaschin und seine Frau Valentina haben Franz Beckenbauer in ihre Moskauer Wohnung eingeladen, und dort erwartete ihn die typisch russische Gastfreundschaft und natürlich nicht nur ein Gläschen Wodka

WM-Halbfinale 1966 in England: Jaschin lenkt im Sprung den Ball neben das Tor. Trotz seines Könnens muß er zwei Treffer von Helmut Haller und Franz Beckenbauer hinnehmen

brik. Ich lernte Fräsen in einem Flugzeugmotorenwerk. Und da fing ich an, in unserer Werksmannschaft zu kicken. Du weißt, bei uns gibt es keine Vereinsmannschaften wie bei euch. Ja, und dann kam eines Tages der Trainer und sagte: Du gehst jetzt ins Tor! Franz, du kannst dir vorstellen, wie sauer ich war. Aber dann habe ich mir vorgenommen, kein Tor reinzulassen und mich trotzdem möglichst wenig in den Dreck zu werfen. Also habe ich mir gedacht: Das kannst du nur mit Köpfchen. Und irgendwie hat's geklappt.«

Wir fahren jetzt am Dynamo-Stadion vorbei. »Hier haben wir 1955 gegen euch Deutsche gespielt. Das war ein Tag! Gerade zehn Jahre war der Krieg zwischen unseren Völkern vorbei. Und dann ertönte hier ›Deutschland, Deutschland über alles‹. Das Stadion war überfüllt. Viele weinten um ihre Söhne, Väter oder Männer. Wir Spieler wurden damals auch ideologisch auf diese Auseinandersetzung vorbereitet. Wir waren doch Patrioten, wir wollten doch nicht gegen Deutschland verlieren. Na ja, es hat gerade noch geklappt. Aber auch ihr hättet 3 : 2 gewinnen können. Nie mehr später habe ich einen solchen Jubelschrei gehört, als das Spiel aus war. Franz, glaube mir, wenn damals einer gesagt hätte: Einmal wirst du einen Deutschen zu Gast haben, ich hätte ihn für verrückt gehalten. Undenkbar war das damals, einfach undenkbar.«

Unser Wagen hält. »Wir sind da, bitte aussteigen.« Moskau, Tschapajewski-Gasse 18. Hier wohnen die Jaschins. Der Eingang führt über einen der typischen Moskauer Hinterhöfe ins Haus. Eine Frau fährt ihr Baby in einem roten Kinderwagen aus. Buben spielen Fußball, unter den kahlen Bäumen sitzen einige Rentner bei einem Schwätzchen. Der Aufzug bringt uns in den zweiten Stock. Wohnung 24. Frau Valentina Jaschina begrüßt mich wie einen alten Bekannten. Gleich im Flur erfahre ich, warum. Da hängt zwischen zahllosen Souvenirs aus Lews aktiver Zeit und den säuberlich aufgereihten Blinkern des Sportanglers Jaschin ein gezeichnetes Porträt des jungen Herrn Beckenbauer. Der Künstler hat mir damals sehr geschmeichelt. »Früher habe ich allen Leuten erzählt, das wäre mein Liebhaber«, lacht Frau Jaschin, »aber heute glauben sie mir nur noch die Wahrheit.«

Stolz führt mich Lew durch die Wohnung. Ein großes Wohnzimmer, die Schränke und Regale gefüllt mit Andenken aus aller Welt. Im Schlafzimmer hängt über den Ehebetten ein gestickter Löwenkopf. »Sonst ist hier keiner mehr gefährlich«, lacht Jaschin. Im dritten Zimmer, in dem Lews inzwischen längst erwachsene Töchter Elena und Irina früher schliefen, hängt ein Porträt Lenins. Und die geräumige Küche ist voll von alledem, was gleich auf den Tisch kommen wird. »Ein bißchen kleiner als dein Zuhause, Franz?« sagt Lew und guckt mich schmunzelnd von der Seite an. »Aber dafür muß ich als alter Dynamo-Mann und Mitarbeiter des Sportkomitees keine Miete zahlen.«

Nun biegt sich der Tisch, nicht nur unter den Wodka-, Kognak- und Champagnerflaschen. Da stehen die Platten mit den russischen Vorspeisen. Fleisch, Lachs, Stör, Hühnchen, Kaviar und dazu zwei Schüsseln mit prächtigen Hummern. »Da staunst du, was? So essen die Jaschins alle Tage«, verkündet der Hausherr, grinst bis über beide Ohren und zieht sich die Jacke aus zur Schlacht.

Und die wird heiß. Ein Toast folgt dem anderen. Lew ist auch da ein Meister. »Lieber Freund Franz«, hebt er mal wieder an, »dies ist ein großer Tag für mich. Ich habe in den letzten Jahren gelernt, für jede Stunde dankbar zu sein, in der ich mit meiner Frau, meinen Kindern und meinen Freunden zusammensein kann. Weißt du noch, wie wir damals 1968 in Rio in deinem Hotelzimmer zusammensaßen und eine gute Flasche austranken? Erinnerst du dich noch an das Spiel im Maracana-Stadion, bei dem wir im gleichen Trikot in der Weltelf spielten? Warum, Franz, können wir Menschen nicht immer im gleichen Trikot spielen? Wir gehören doch alle zu einer Mannschaft. Auf deine Gesundheit.«

»Sag mal, Lew, damals in Rio war doch mit dir etwas nicht in Ordnung. Du hattest doch Probleme mit deinem Fuß.«

»Das ist Staatsgeheimnis. Aber heute verrate ich es dir. Ich hätte damals eigentlich gar nicht spielen dürfen. Mein Mittelfußknochen war nämlich angebrochen. Irgendein Idiot, ich glaube, ein Diskuswerfer aus unserer Leichtathletikmannschaft, hatte mich wenige Tage zuvor in Havanna beim Fußballspielen am Strand verletzt. Ich suchte einen Arzt, fand jedoch nur einen Zahnarzt. Aber auf Rio verzichten? Da hat er mir den kaputten Fuß mit Zahnzement gleich in den Fußballschuh reingegipst. Eine Halbzeit habe ich dann ja auch durchgehalten, und Pelé hat kein Tor gegen mich geschossen.«

Wir gehen ins Nebenzimmer. Freunde haben ihm ein Rudergerät geschenkt, mit dem er sich fit halten soll. »Weißt du, Franz, ich habe zwei Fehler gemacht in meinem Leben. Ich habe keine fremden Sprachen gelernt, und dann habe ich nach meinem letzten Spiel keinen Sport mehr getrieben. Jetzt habe ich zehn Kilo Übergewicht, obwohl sie mich um mein Bein erleichtert haben.«

Lew Jaschin hat Humor. Der einst vor Lebensfreude berstende Tormann, der seit Beendigung seiner aktiven Laufbahn als Mitarbeiter und Berater des sowjetischen Fußballverbandes seine Rubel verdient, hat in den letzten Jahren zwei Herzinfarkte überstanden. Das Rauchen und den Wodka kann er nicht lassen, obwohl es ihm die Ärzte oft genug verboten haben. Als er 1984 während einer Reise mit sowjetischen Fußballveteranen in Budapest eine Thrombose bekam und die ungarischen Ärzte die Verantwortung für eine Operation nicht übernehmen wollten, wurde er im letzten Augenblick mit einer Sondermaschine der sowjetischen Luftwaffe nach Moskau geflogen. Da blieb nur noch die Amputation, um sein Leben zu retten.

Lew Jaschin legt den Arm um meine Schultern: »Ich qualme seit meinem achten Lebensjahr. In jeder Halbzeit eines Spiels habe ich mir auf der Toilette eine angesteckt. Warum soll ich das jetzt nicht tun, wo das Spiel doch schon fast vorbei ist?«

Entspannung in der Hängematte: Der König der Fußballer genießt den Tag. In der Nähe von Santos hat sich Pelé eine Traumvilla gebaut

Pelé

»Für mich ist er der größte Fußballer aller Zeiten«

»Kaiser« und »König« im gleichen Trikot: Bei »Cosmos« New York machten sie zusammen über fünfzig Spiele

Ein herrlicher brasilianischer Sommermorgen. Blauer Himmel, schon 30 Grad im Schatten, und vom nahen Meer weht ein kühlender Wind. Was für ein Genuß, wenn man dem Wetter in Europa für ein paar Tage entfliehen kann. Ich rücke den Sonnenschirm zurecht und nehme noch eine saftige Papaya.

Frühstück bei meinem Freund Pelé. Wir sitzen zusammen auf der Terrasse seines neuen Hauses, das inmitten von Palmen und noch unberührtem Busch auf der Halbinsel Guarujá liegt. Nach Santos, wo Pelé 18 Jahre lang für den FC spielte, ist es mit dem Auto nur eine Viertelstunde. Pelé ist immer noch der alte. Zumindest auf den ersten Blick kommt es mir vor, als sei für ihn die Zeit stehengeblieben. Kein Gramm Fett über der Badehose, er ist so austrainiert wie in seinen besten Tagen. Auf der Brust trägt er wie gewohnt ein goldenes Kreuz. Er geht wie einst mit etwas knieweichen Schritten, was ein bißchen schläfrig wirkt. Und er lacht wie eh und je mit seiner tiefen, sonoren Stimme, mit der er so sentimental zur Gitarre singen kann.

Zu Gast bei Pelé. Ich habe mich sehr auf dieses Wiedersehen gefreut, denn für mich ist Pelé der größte Fußballspieler aller Zeiten. Ich stelle ihn auf eine einsame Stufe, erst dann kommen all die anderen Großen: Fritz Walter und Bobby Charlton, Alfredo di Stefano und Johan Cruyff, Gento und Garrincha, Gianni Rivera und Didi, Sepp Maier und Jaschin, Eusébio und Uwe Seeler. Es ist müßig, eine Rangliste unter diesen Stars aufstellen zu wollen. Nur bei einem gibt es für mich kein Wenn und Aber – bei Pelé, der eigentlich Edson Arantes do Nascimento heißt.

So haben ihn im Oktober 1940 seine Eltern taufen lassen. Er wuchs in Bauru auf, einer kleinen Stadt, 400 Kilometer von Santos entfernt. Sein Vater war Fußballprofi, doch viel verdient hat er nicht. Als er wegen einer schweren Verletzung arbeitslos wurde, mußte der achtjährige Edson für die Familie sorgen. Als Schuhputzer und Zeitungsverkäufer verdiente er seine ersten Cruzeiros. Erst als er Profi beim FC Santos wurde, nannte er sich Pelé.

Zu Gast bei Pelé: Frühstück mit Café do Brasil

Nun sitzt er auf der Terrasse seines Traumhauses. »Na, Franz, wie gefällt's dir?« Er fragt wie nebenbei, als ginge es ihm nur um den Geschmack der nach ihm benannten Kaffeemarke. Aber ich spüre, wie er auf meine Antwort gespannt ist.

Um Himmels willen, was sagt man beim Anblick einer solchen Prachtvilla mit ich weiß nicht wie vielen Zimmern, einer riesigen Wohnhalle mit wunderbarem grünen Marmorboden und teuren Möbeln, mit einem Kinosaal, mit Swimmingpool und Fußballplatz? Und einem Tenniscourt auf dem Dach des Gästetrakts, in dem auch noch die Sauna- und Fitneßräume sowie ein Pelé-Museum untergebracht sind. Dies alles liegt in einem schätzungsweise 5000 Quadratmeter großen tropischen Garten, der ständig berieselt wird – mit Sambaklängen aus einer gigantischen Stereoanlage und mit dem Geplätscher von raffinierten Wasserspielen.

Würde Pelé Bayrisch verstehen, könnte ich seine Frage einfach beantworten: »Sauber!« Doch wir unterhalten uns auf englisch, das wir in unserer Zeit bei Cosmos New York gelernt haben: »Beautiful, Pelé, absolutely beautiful.«

Er scheint sehr stolz auf sein Haus zu sein, und ich kann das verstehen. Die meisten Fußballspieler kommen aus bescheidenen Verhältnissen.

Wer sich da an die Spitze gearbeitet hat, der will auch oben bleiben. Ich kenne viele Spieler, die eine panische Angst davor haben, dorthin zurückkehren zu müssen, wo sie hergekommen sind. Pelé hat sich mit seinem Haus mehr erfüllt als nur einen Traum. Sein Bruder Zizinho, der uns im Wagen vom Flughafen in São Paulo abgeholt hat, machte während der Fahrt eine aufschlußreiche Bemerkung: »In unserem Land leben Weiße und Schwarze, Mulatten und Indianer, Portugiesen, Spanier, Deutsche und Japaner. Jeder Politiker wird bestreiten, daß es hier Rassismus gibt. Aber es gibt ihn, versteckt, tagtäglich, und viele müssen unter Diskriminierungen leiden. Ein Herr ist weiß und bleibt weiß. Und ein Schwarzer bleibt ein Schwarzer. Pelé hat eine dunkle Haut. Nur sein Ruhm und sein Geld machen in ein bißchen heller. Das neue Haus ist für Pelé wichtiger, als sich einer vorstellen kann, der Brasilien nicht kennt.«

Zizinho, Anwalt und rechte Hand seines Bruders, ist in Santos geblieben und nicht mit in das neue Haus gezogen, obwohl es da bestimmt nicht an Platz mangelt. Auch Pelés Eltern leben nicht wie früher unter einem Dach mit ihrem berühmten Sohn. Sie wollten ihre gewohnte Umgebung nicht mehr verlassen. Und Pelés Freundin Xuxa, ein 24 Jahre altes Fotomodell, ist zwar oft zu Gast, wohnt aber in Rio. Dort moderiert sie eine Kindersendung im Fernsehen. Die blonde Xuxa und die »schwarze Perle« Pelé sind für die Illustrierten in Brasilien ein »Traumpaar«.

Von seiner Frau Rosemari ist Pelé seit einigen Jahren geschieden. Sie lebt mit den drei Kindern in New York. So wirkt Pelé ein bißchen verloren in seiner riesigen Villa. Nur zwei Leibwächter und eine ältere Haushälterin leisten ihm ständig Gesellschaft. »Dieses Haus«, sagt Pelé, als könne er meine Gedanken lesen, »habe ich für mich und meine Freunde gebaut. An den Wochenenden ist hier was los. Du weißt ja, ich mag gern viele Menschen um mich haben. Bleib doch einfach so lange, wie du willst.«

»Lieber Freund, wie du weißt, hab' ich einen Job.«

»Ach Gott, ja, ich bewundere deinen Mut. Ich könnte das nicht. Erstens ist hier in Brasilien das Amt eines Nationaltrainers schwieriger als das des Staatspräsidenten. Und zweitens hätte ich einfach keine Geduld. Wenn ein Spieler einmal über zwanzig ist, kann man ihm nichts mehr beibringen. Ich glaube, ich wäre auch ungerecht, ich würde zu viel verlangen. Da spiele ich lieber Tennis. Hast du nicht Lust, gegen mich anzutreten?«

Einverstanden, auch wenn mir schon der Anblick des Tennisplatzes den Schweiß auf die Stirn treibt. Aber vorher drehe ich noch ein paar Runden im Swimmingpool. Und Pelé macht mit.

Ich kenne ihn schon lange, seit 1958, als ich wie Millionen anderer Fußballfans vor dem Bildschirm saß und die Weltmeisterschaft in Schweden verfolgte. Damals war ich zwölf und stürmte für die C-Jugend des FC Bayern. Ich war zwar der Kleinste, aber in der Saison schoß ich allein 101 Tore. In einem Spiel, das wir 17 : 0 gewannen, machte ich sogar alle Treffer.

Ich war also ziemlich selbstbewußt, sogar ein bißchen zu frech. Dann, das werde ich nie vergessen, saß ich vor dem Fernseher und bekam den Mund nicht zu. Da spielte Brasilien gegen die Sowjetunion. Bei den Russen stand der brühmte Jaschin im Tor, aber dem verging Hören und Sehen. Schon nach zwei Minuten knallte ihm ein junger schwarzer Brasilianer den Ball an die Latte. »Das ist er, Pelé, der neue Wunderstürmer, noch nicht einmal 18 Jahre alt!« begeisterte sich der Reporter.

Nie zuvor hatte ich bei einem Spieler eine solche Ballbehandlung gesehen. Ich war damals der Meinung, ich hätte auch schon eine Menge Tricks drauf, doch was dieser Pelé machte, da hätte sich ein normaler Mensch die Beine gebrochen. Der Ball schien ihm am Fuß zu kleben. Mit raffinierten Täuschungsmanövern umspielte er seine Gegner. Einmal hob er den Ball einfach über den Kopf eines Russen hinweg, nahm ihn wieder auf und knallte auf den Kasten von Jaschin. Die Brasilianer gewannen mit 2 : 0, und Pelé machte das zweite Tor. Auf einmal fand ich meine eigenen Ballkünste gar nicht mehr so toll.

Denkmalspflege, Diskussionen, ein Spielchen auf dem Rasen, ein Tennismatch, Abkühlung im Swimmingpool und Lunch zusammen mit Diana Sandmann: ein sonniger Tag im Haus des großen Brasilianers

Die Nummer 10 zeichnete »die schwarze Perle« als Spielmacher aus — auch bei »Cosmos« New York

Als Wunderstürmer entpuppte sich Pelé 1958 bei der WM in Schweden – und wurde Weltmeister

Die Brasilianer wurden Weltmeister. Zagallo, Vava, Pelé, Garrincha – mein Gott, war das ein Sturm! So stellte ich mir Fußball vor. Das waren Künstler, Artisten, Zauberer. Wenn mir damals einer gesagt hätte, daß ich mit diesem Pelé einmal in einer Mannschaft spielen würde, hätte ich ihn für verrückt erklärt.
Knapp zwanzig Jahre später, im Mai 1977, trugen wir das gleiche Trikot. Bei Cosmos New York. Die Amerikaner hatten den Versuch gewagt, Fußball als neuen Profisport populär zu machen. Und Pelé war der Superstar, der die Massen anzog.
»Weißt du, Franz«, erzählt er mir jetzt im Swimmingpool, »eigentlich sollte nach meinem letzten Spiel für Santos Schluß sein. Das war im Oktober 1974. Ich war müde. Die vielen Reisen, die Verletzungen. Aber dann machten mir die Amerikaner ein Angebot. Ich war gerade geschäftlich in Europa gewesen, hatte gute Verträge, genug Geld. Mit meinen 34 Jahren war ich fast schon Fußballvergangenheit. Was sollte ich in New York?«
Pelé tat das, was ein guter Profi tut, wenn er ein Angebot ablehnen will, ohne dabei die andere Seite zu brüskieren: Er verlangte eine utopische Summe – sechs Millionen Dollar. Aber diesmal hatte er »Pech«. Die Abgesandten von Cosmos, die im Auftrag des Medienkonzerns »Warner Communications« handelten, nickten unbeeindruckt.

Als ich 1977 vom FC Bayern München zu Cosmos kam, lag Amerika bereits im Fußballfieber. Fünfzig Spiele machte ich noch zusammen mit Pelé. Wir wurden Meister der US-Liga, und als Cosmos im Oktober 1977 für Pelé ein Abschiedsspiel gegen seinen alten Club FC Santos arrangierte, kamen mehr als 75 000 Zuschauer ins New-York-Giant-Stadion. Pelé spielte in der ersten Halbzeit für Cosmos, dann zog er für die zweite ein letztes Mal das Trikot seines alten Vereins FC Santos an. »In mir stirbt ein Stück!« rief er nach dem Spiel den Zuschauern zu. Ich bin kein besonders sentimentaler Mensch, aber solche Augenblicke vergißt man nicht.
»Es waren die schönsten Jahre meines Lebens«, sagt Pelé. »Erinnerst du dich, Franz? Wir kamen aus 14 verschiedenen Ländern. Jeder für sich hatte große Erfolge gehabt. Die Jüngsten waren wir auch nicht mehr. Aber waren wir nicht eine verrückte Truppe? Auch außerhalb des Spielfelds hielten wir zusammen, erinnerst du dich?«
Und ob. Vor allem an eine Szene. Da hat sich Pelé von einer ganz überraschenden Seite gezeigt.

Kurze Zeit nach meinem Start bei Cosmos gab es eines Nachmittags Aufregung in der Mannschaftskabine. Unser Trainer Gordon Bradley sollte entlassen werden. Ich kannte weder die Hintergründe, noch war ich mit den Geschäftspraktiken der Amerikaner vertraut. Pelé wohl auch nicht. Als Steve Ross, der Boß von Cosmos, die fristlose Entlassung unseres Trainers Bradley verkündete, begann Pelé vor der gesamten Mannschaft zu weinen und war kaum zu trösten. Er konnte einfach nicht fassen, daß ein so netter Mensch wie Bradley kurzerhand »abgeschossen« wurde. Pelé, das Idol, dreimal Weltmeister, einer, der Millionen verdiente, stand da und beweinte das Schicksal eines Trainers, nur weil er ihn sympathisch fand. Einen derartigen Gefühlsausbruch hatte ich aus solchem Anlaß noch nie bei einem Fußballprofi erlebt.

Ob im Weltmeisterschafts-Finale 1970 gegen Italien im Azteken-Stadion von Mexico City oder später bei »Cosmos« New York: Stets lieferte Pelé Kostproben seines Genies als Spielmacher und als Torjäger

Bei »Cosmos« New York beendete der Brasilianer 1977 seine traumhafte Karriere. 70 000 kamen zum Abschied

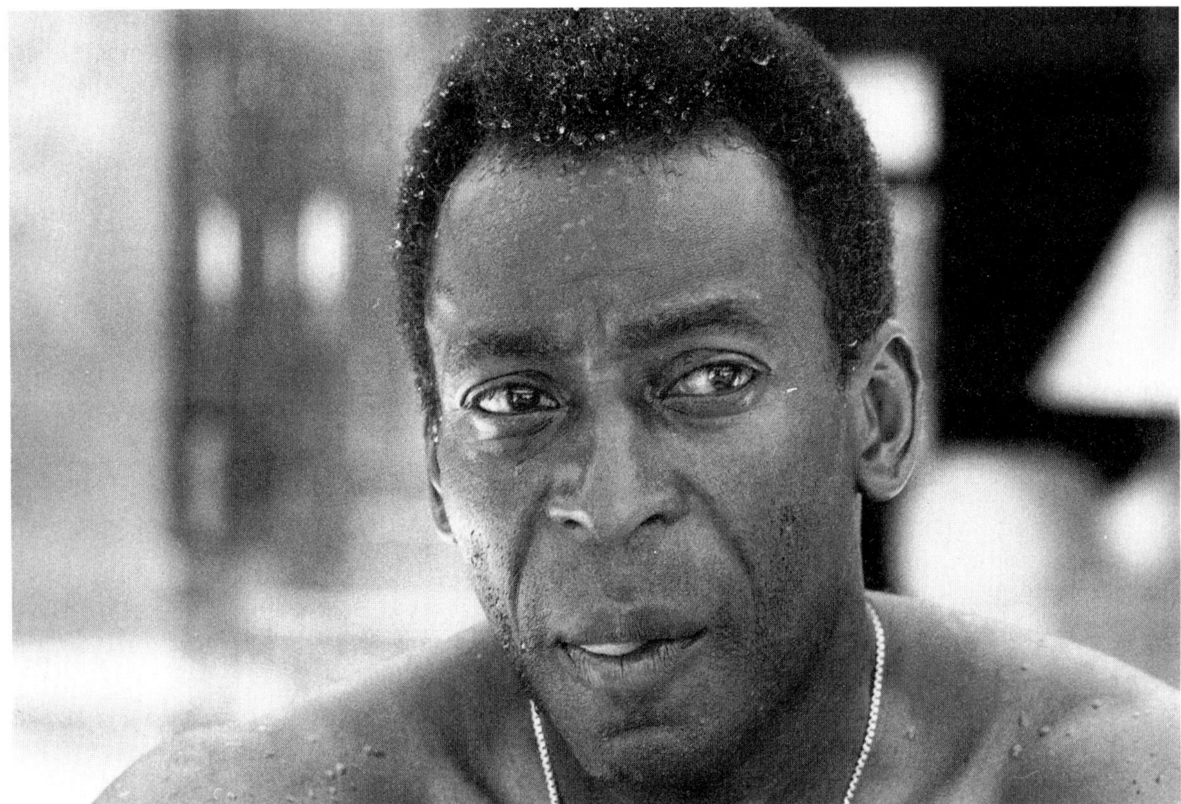

Seit Beendigung seiner Fußballkarriere verdient Pelé sein Geld mit Werbeunternehmen und Spielfilmen

Pelé, der Empfindsame, Gutmütige, stets Freundliche, der nie aufbegehrte, nie ein Rebell war, der in jedem seinen Freund sah – wie hat er seinen frühen Ruhm verkraftet?

»Ich konnte kaum denken, da kannte mich schon jeder in Brasilien. Mit 16 spielte ich zum erstenmal in der Nationalmannschaft. Immer mehr Menschen waren um mich herum. Jeder gab mir Ratschläge. Ich liebte es, für die Leute Fußball zu spielen. Ich wollte nie jemanden enttäuschen mit meinem Spiel, und die Menschen spürten das. Daß sie mich verehrten, das war für mich normal. Ich wuchs mit der Popularität auf. Wenn einer erst mit 25 berühmt wird, ist die Gefahr viel größer, daß er durchdreht.«

Pelé hat sich doch verändert. Er wirkt, während wir bis zur Hüfte im Wasser stehen und uns von einer Sprühanlage über dem Pool abkühlen lassen, doch viel ernster, als ich ihn in Erinnerung habe.

»Pelé, ich weiß nicht, wie es dir geht, aber bei mir ist die Unbeschwertheit weg, seit ich nicht mehr spiele. Früher, da wurde einem doch als Spieler alles abgenommen. Ja, wir wurden fast zur Unselbständigkeit erzogen. In der Mannschaft, da hatten wir Spaß, ständig war jemand um einen, mit dem man sprechen konnte. Ernste Probleme haben doch andere für einen gelöst. Plötzlich aber, wenn alles vorbei ist, da wird man nachdenklicher, nimmt auch die Welt um sich herum plötzlich wahr.«

»Das kenne ich, Franz. Vieles wurde mir erst bewußt, als ich ohne das Spiel auskommen mußte. Ich bin auch enttäuscht worden. Ja, vor allem von meinem Land. Wir sind so reich, und doch müssen Millionen Brasilianer unter elenden Bedingungen leben. Vieles ist nicht in Ordnung, aber wer nimmt sich schon der wirklichen Probleme an? Ich habe Musik gemacht für verlassene Kinder, doch da hieß es, das wäre Demagogie. Ich habe schon vor Jahren auf die wachsende Jugendkriminalität aufmerksam gemacht, vor allem in São Paulo. Doch die Behörden nahmen das nicht ernst. Das gesamte Geld, das ich in meinen letzten Jahren beim FC Santos verdiente, habe ich für Wohltätigkeitsorganisationen gestiftet. Da haben sie geschrieben, das wäre ein Reklamegag. Dabei habe ich selbst nie ein Wort darüber verloren.«

»Ich habe gelesen, daß Freunde dich drängen, in die Politik zu gehen. Vielleicht wirst du sogar einmal Präsident?«

Er lacht. »Politik ist ein schweres Geschäft. Vor allem in Brasilien. Unser Land muß seinen eigenen Weg finden, wir können nicht Rußland oder China oder Amerika als Modell nehmen. Was mich angeht, so würde ich sagen, daß ich ein Sozialist bin, ein Demokrat. Radikales ist mir fremd. Man muß bei uns die Sache behutsam und klug angehen. Wenn ich etwas ändern, wenn ich helfen kann, dann mache ich mit.«

Pelé als Präsident? In Brasilien wäre so etwas durchaus möglich. Fußball kommt hier noch vor der Politik, nicht nur in den Abendnachrichten des Fernsehens. Wer es im öffentlichen Leben zu etwas bringen will, der muß sich nicht zu einer Weltanschauung, sondern zu einem Fußballverein bekennen. In Rio zum Beispiel entweder für »Flu« oder für »Fla«, für Fluminense oder Flamengo.

Auf dem Weg zu Pelé habe ich das Endspiel um die Stadtmeisterschaft von Rio de Janeiro erlebt, die mindestens so wichtig ist wie die brasilianische Meisterschaft. Zu den drei Spielen der Endrunde zwischen Fluminense, Flamengo und Bangú kamen an drei Abenden jeweils über 100 000 Zuschauer ins Maracana-Stadion. Was für ein Fußballfest!

Ich kenne diesen tiefen, weichen Rasen in der größten Arena der Welt. Mit einer Weltelf, mit der deutschen Nationalmannschaft und mit Cosmos New York habe ich hier gespielt. 1968 schob Pelé mir wie einem Anfänger den Ball zwischen den Beinen durch. Und das gleiche erlaubte er sich mit Willi Schulz. »Pelé darf das!« rief ich ihm zu. Auf diesem Rasen schoß Pelé 1969 sein 1000. Tor; da läuteten im ganzen Land die Kirchenglocken. Hier machte er 1971 sein letztes Spiel für Brasilien. 140 000 riefen damals: »Fica, fica – bleib, bleib!« Aber Pelé zog sein Trikot mit der Nummer 10 aus, schenkte es einem schwarzen Balljungen und verschwand in der Kabine. Die Tribünen verwandelten sich in ein wogendes Meer weißer Taschentücher. Eine Sambaband spielte den Schlager »Vorwärts, Brasilien«. Pelé kehrte tatsächlich noch einmal zurück: Er kam mit einem zweiten Trikot auf den Platz und schenkte es einem weißen Balljungen mit blonden Haaren.

Pelé, eine Fußballegende. Und heute? Gibt es an den Stränden Brasiliens immer noch Talente wie Sand am Meer? Halten die Späher der berühmten Clubs an der Copacabana in Rio Ausschau nach den Pelés von morgen? Pelé winkt ab, er ist pessimistisch. »Wir haben keine großen Spieler mehr.«

Er traute der brasilianischen Mannschaft nicht viel zu bei der Weltmeisterschaft in Mexiko. Damit hatte er einerseits recht, andererseits unterschätzte er seine Nachfahren.

Gut, die Brasilianer scheiterten im Viertelfinale, erreichten nicht das Finale, was ganz Brasilien erwartet hatte. Aber bitte: An wem scheiterten sie? An Frankreich. Und wie scheiterten sie? Im Elfmeterschießen. Und welch einen Trubel hatte es um die brasilianische Mannschaft gegeben vor der Weltmeisterschaft.

Im Zuge der politischen Liberalisierung wurde plötzlich auch die Nationalelf kritisch angefaßt von den Medien. Die entsprechenden Blätter präsentierten die sogenannten »Enthüllungen«, und wie üblich, wenn plötzlich eine nie erlebte Freiheit herrscht, schossen alle übers Ziel hinaus, die ernsthaften Kritiker und die Skandalschmierer, die Fans und die Spieler selbst auch.

Dazu kamen die Ungewißheit, ob Zicos verletztes und operiertes Knie halten würde, und die bange Frage, ob der gutmütige Trainer Santana in der Lage sein würde, Ruhe in dieses Tollhaus zu bringen.

8
ROMERO
7
16
25
6
10

New York verabschiedet sich von Franz Beckenbauer. Nochmals zieht Pelé zu seinen Ehren die Fußballschuhe an – und erzielt sogar ein Tor. Heute hat »Soccer« in den USA an Bedeutung verloren

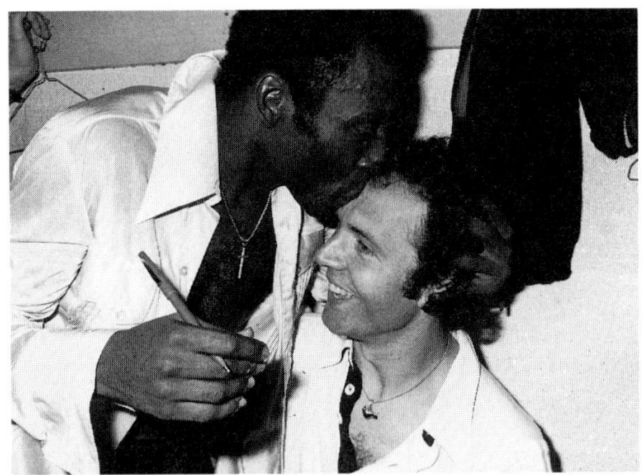

Ein Küßchen in Ehren. Mit südländischem Überschwang verabschiedet sich Pelé von Franz

Pelé grinst ins schimmernde Wasser des Pools. »Vor der WM habe ich bei irgendeiner feuchtfröhlichen Gelegenheit gesagt, wenn Santana mich brauche, müsse er mich nur rufen. Das erschien am nächsten Tag in riesiger Aufmachung in den Zeitungen, und in der Mannschaft gab's neue Aufregung.«

Ich erinnere mich an Pelés Kommentare in Mexiko und daran, wie ihm die Mannschaft, der er nichts zutraute, allmählich ans Herz wuchs, weil sie von Spiel zu Spiel stärker wurde. Und ich höre noch sein Schluchzen im Radio. Wir bereiteten uns in Monterrey auf das Spiel gegen Mexiko vor. Die Brasilianer hatten den Franzosen in Guadalajara ein gewaltiges Spiel geliefert. Endlich hatten sie wieder gespielt wie Brasilianer. Mit diesem untrüglichen Instinkt für den Flug des Balls und die Entwicklung des Spiels. Sie hatten gespielt wie die Künstler, und sie hatten das Pech von Künstlern. 1 : 1 nach 120 Minuten, 3 : 4 nach dem Elfmeterschießen. In diesen Augenblicken saß ich also in Monterrey, wartete ungeduldig auf unser Spiel und empfand denselben Schmerz wie Pelé in Guadalajara.

Ich fühlte mit ihm als Freund. Aber als Teamchef war ich froh, daß wir nun die Franzosen als Gegner fürs Halbfinale hatten. Die Franzosen waren berechenbar, aber einen Brasilianer durchschaust du nicht, wenn er daherkommt mit dem Ball am Fuß und tausend Geheimnissen in den Augen.

Das wußte ich von Pelé, von seinen vielen Spielen, die wir miteinander und gegeneinander gemacht hatten, im Ernst oder im Spaß, im Training oder in den großen Arenen.

Pelé ist auch unter den Fachleuten seiner Heimat ein begehrter Mann. Das hatte ich in Mexiko erlebt, wo er für Fernsehen und Rundfunk kommentierte und Kolumnen für Zeitungen schrieb. Pelés Urteil gilt, und sein Ruhm ist immer noch groß und frisch genug, um die Buchstaben P-e-l-é zum Markenzeichen zu machen.

Pelé macht Werbung für zahlreiche Produkte, führt zusammen mit seinem Bruder Zizinho die Firma »Pelé Commerce and Enterprises« mit hundert Mitarbeitern und Büros in São Paulo, Rio und New York. Und er ist mittlerweile ein Filmstar geworden.

Eine halbe Million Dollar haben er und sein Freund Alfredo Saad, ein Plantagenbesitzer, in ihren letzten Spielfilm gesteckt. Er heißt »Pedro Mico«, spielt in den Favelas, den Slums von Rio, und Pelé spielt die Titelrolle, einen Gauner und Zuhälter mit Herz. Zuvor hatte er schon bei sechs anderen Filmen mitgewirkt, darunter »Victory« mit Sylvester Stallone. In »Trombadinhas« (»Straßenkinder«) spielt er einen Polizeidetektiv, der verwahrlosten Kindern hilft, und in dem historischen Film »Chico Bondale« einen freigekauften afrikanischen Sklaven.

Ich muß daran denken, daß meine eigenen Versuche, zu Filmruhm zu gelangen, kurz nach der Uraufführung des »Libero« kläglich beendet waren. Auch deshalb will ich von Pelé wissen: »Sind deine Filme denn ein Erfolg?«

Pelé lacht laut auf. »Nun, daß die Leute irgendwo die Kinokassen gestürmt haben, habe ich nicht gehört. Aber ein Reinfall waren die Filme auch nicht.«

Erst vor kurzem stand er wieder vor der Kamera. Allerdings als Fußballexperte. Er machte für eine Fernsehstation eine Serie über den gesellschaftlichen Hintergrund des brasilianischen Fußballs.

Wir gehen hinüber zum Tennisplatz. Ich schaue auf meine nackten Füße, die in Sandalen stecken. Pelé läuft los und holt mir ein Paar

Sportschuhe. »Ich habe aber nur welche von Puma da«, lästert er. Macht nichts, besser in den Schuhen der Konkurrenz, als barfuß auf dem heißen Belag zu spielen.

Als der erste Ball übers Netz fliegt, scheint Pelé wie verwandelt. Der Ernst ist aus seinem Gesicht gewichen. Jetzt ist er wieder in seinem Element, sprintet nach jedem Ball, ärgert sich, wenn er danebenschlägt, freut sich über jeden Punkt — Pelé, der Spieler. Vor den Seitenwechseln legen wir größere Verschnaufpausen im Schatten ein. Am Fuß brennt die erste Blase. Pelé hat Tennisspielen erst in New York gelernt, wo er — genau wie ich — noch einen Werbevertrag mit »Warner Communications« hat. »Das war zuerst ganz komisch. Ich mußte lernen, auf den Ball zu schauen. Beim Fußball sieht man doch zum Gegner, nicht auf den Ball. Den muß man blind beherrschen.«

Er hat es gelernt. Doch die Chance, Pelé nach all den vergeblichen Versuchen auf dem Fußballfeld wenigstens auf dem Tennistrakt zu besiegen, will ich mir nicht entgehen lassen. Auch wenn nun an beiden Fußsohlen die Blasen schmerzen, am Ende hole ich mir den Satz mit 6 : 4.

Pelé bringt Verbandszeug und verpflastert mir wie ein barmherziger Samariter beide Füße. Zwei Stunden später, nachdem wir uns mit Grillfleisch, Salaten und Obst gestärkt haben, geben wir einem Reporter, der von meinem Besuch gehört hat, auf der Terrasse ein Rundfunkinterview.

»Wie ging denn das Tennismatch mit Franz Beckenbauer aus?« will der Mann zum Abschied von Pelé wissen. »Nun ja«, antwortet der, ohne mit der Wimper zu zucken, »Franz braucht wegen seiner Niederlage nicht traurig zu sein. Die Zeitumstellung, der lange Flug, die ungewohnte Hitze, das kann man verstehen.«

»He«, fahre ich dazwischen, als mir sein Kommentar übersetzt wird, »gewonnen habe doch ich!«

Da schaut mich mein Freund Pelé mit großen Augen unschuldsvoll an. Wie konnte ich auch nur einen Moment lang glauben, daß er Brasilien eine Niederlage Pelés zumuten würde.

Der wohl größte Augenblick für Pelé. Jubelnd reckt er die Faust nach seinem Tor gegen Italien im WM-Finale 1970

Zwiegespräch auf dem Dach des Mailänder Doms: Gianni Rivera, Abgeordneter des italienischen Parlaments, in der Rolle des Touristenführers

»Wir hatten zur selben Zeit unsere besten Jahre im Fußball, und doch lernte ich ihn nie richtig kennen«

Gianni Rivera

Gegenspieler im Halbfinale der WM 1970: Rivera setzt sich gegen Beckenbauer energisch durch

Ich wußte, daß es so kommen würde. Kaum eine halbe Stunde bin ich in Mailand, und schon gibt es nur noch ein Thema: das »Spiel des Jahrhunderts«, unsere 3 : 4-Niederlage gegen Italien bei der Weltmeisterschaft 1970 in Mexiko.

Kein Wunder bei Tischnachbarn wie Gianni Rivera und Karl-Heinz Schnellinger. Die beiden vergessen ihr Risotto und fuchteln mit den Händen in der Luft herum, als müßten sie wie damals im Azteken-Stadion ihre Nebenspieler dirigieren.

»Ich sage dir, Gianni, drei glasklare Elfmeter für uns hat dieser Yamasaki nicht gepfiffen. Ich habe mir die Aufzeichnung des Spiels erst kürzlich noch einmal angesehen«, ereifert sich Schnellinger.

»Langsam, mein Freund«, kontert Rivera lächelnd, »wenn dieser Schiedsrichter nicht vergessen hätte, auf seine Uhr zu sehen, dann hättest du nicht in der 92. Minute das 1 : 1 schießen können, und ihr wärt schon nach der normalen Spielzeit sang- und klanglos rausgeflogen.«

17 Jahre sind seither vergangen, doch im Mailänder Restaurant »L'Assassino« — zu deutsch »Der Mörder« — ist an diesem Nachmittag die Erinnerung an den Fußballkrimi von Mexiko so lebendig, als ob's erst gestern gewesen wäre.

Nicht ohne Grund hatte Gianni Rivera vorgeschlagen, daß wir uns zuerst im »L'Assassino« treffen sollten. n diesem Restaurant ist Fußball Thema Nummer eins, hier hat Rivera fast zwanzig Jahre lang vor jedem Heimspiel zusammen mit der Mannschaft vom AC Mailand zu Mittag gegessen. Und auch Karl-Heinz Schnellinger, der mich vom Flughafen abgeholt hatte, wollte mal wieder in seinem ehemaligen Stammlokal vorbeischauen.

»Also, das 1 : 1, das habe ich doch auf dem Weg zur Kabine quasi nebenbei gemacht«, flachst Schnellinger jetzt. »Die reguläre Spielzeit mußte jede Sekunde zu Ende sein, und da dachte ich, marschier doch schon mal los. Der Ausgang lag hinter dem italienischen Tor. Ich durchquerte gerade den Strafraum der Italiener, da flog mir der Ball vor die Füße. Ich mach' sofort ein langes Bein, und drin war er.«

Ausgerechnet Karl-Heinz Schnellinger, der Kölner Gastarbeiter beim AC Mailand, hatte als Mitglied des deutschen WM-Teams »seinen« Italienern den schon sicher geglaubten Sieg geraubt. Was danach folgte, was sich in den dreißig Minuten der Verlängerung vor den 115 000 Zuschauern abspielte, in einem vor Begeisterung kochenden Stadion, das war wegen seiner Dramatik — nicht wegen seiner spielerischen Qualität — eben das »Spiel des Jahrhunderts«. Gianni Rivera, Schnellingers Clubkamerad aus Mailand, schoß Italiens Elf schließlich mit 4 : 3 ins Finale gegen Brasilien.

»Ich habe mich nach meinem Tor zum erstenmal wie ein verrückter Neapolitaner aufgeführt. Ich ließ mich auf die Knie fallen und umarmen. Und glaubt mir, die Küsse von Riva und Boninsegna schmeckten in diesem Augenblick wie die von Gina Lollobrigida und Sophia Loren«, schwärmt Gianni Rivera und widmet sich nun doch seinem Risotto.

Gianni war damals in Mexiko mein direkter Gegenspieler. Allerdings erst nach der Halbzeit. Vor der Pause spielte an seiner Stelle Sandro Mazzola. Der war nicht nur der Star des Lokalrivalen Inter Mailand, er machte Rivera in der Nationalelf den Posten des Spielmachers streitig.

Es gibt viele Experten, die Gianni Rivera für einen der begnadetsten Spieler überhaupt hielten. Auch ich meine: Trotz seiner geringen Körpergröße von nur 1,70 Meter war er ein ganz Großer des Fußballs. Was ihn anderen überlegen machte, waren seine Intelligenz und sein Instinkt, mögliche Spielzüge weit im voraus zu erkennen. Und natürlich seine perfekte Balltechnik. Zwanzig Jahre lang war er Autorität beim AC Mailand. Er nahm zwischen 1962 und 1974 an vier Weltmeisterschaften teil, wurde mit seinem Club zehnmal Italienischer Meister, gewann Europa- und Weltpokale. Dabei galt er als ausgesprochen trainingsfaul, was ihn mir nicht unsympathisch macht.

In Mexiko, wo ich zusammen mit Wolfgang Overath im Mittelfeld spielte, lernte ich im Halbfinale Riveras Qualitäten kennen — er die meinigen leider nur zum Teil. Denn knapp die Hälfte der Spielzeit war ich gehandikapt.

In der 65. Minute war ich plötzlich allein im gegnerischen Strafraum, sah nur noch Torwart Albertosi vor mir. Ich holte zum Schuß aus, und in diesem Moment wurde mir schwarz vor Augen. Ein heftiger, stechender Schmerz in der Schulter. Cera hatte mich gelegt. 100 000 forderten einen Elfmeter. Doch dieser Schiedsrichter Yamasaki verlegte den Tatort einfach vor die Strafraumgrenze. Ich brüllte vor Wut und Schmerz.

Irgend etwas schien gebrochen zu sein. Mit der linken Hand preßte ich den rechten Oberarm an die Brust und spielte weiter. In Zweikämpfe konnte ich mich nicht mehr einlassen. Während der kurzen Pause vor der Verlängerung klebte man mir den lädierten Oberarm mit großen Leukoplaststreifen fest an den Körper. Einer schrieb später, ich wäre ein »verwundeter, besiegter, aber stolzer preußischer Offizier« gewesen.

»Das war nicht angenehm, gegen dich zu spielen«, beschreibt Rivera sein Dilemma von damals. »Attakkierst du einen verletzten Gegner, schreit alle Welt auf, läßt du ihn laufen, lachen sie dich aus. Ein gesunder Beckenbauer wäre mir lieber gewesen.« Ich glaube, daß ein Mann wie er das nicht einfach so dahersagt. Aber Rivera paßte ja nie in die Schablone des mit allen Wassern gewaschenen italienischen Fußballprofis.

Wir beide hatten zur selben Zeit unsere besten Jahre im Fußball, und doch lernte ich ihn nie richtig kennen. 1968 spielte ich zum erstenmal gegen Rivera. Damals verlor der FC Bayern München sein Europacupspiel gegen den AC Mailand im San-Siro-Stadion mit 0 : 2 Toren. Weder bei diesem Spiel noch später in Mexiko oder bei Uwe Seelers Abschiedsspiel in Hamburg, bei Duellen der Nationalelf oder sonst irgendwo bei einer der vielen Gelegenheiten hatte es zu mehr als einem unverbindlichen »Hallo, wie geht's?« gereicht.

Nun aber, nach so vielen Jahren, findet sich endlich die Gelegenheit zu einem persönlichen Gespräch. Karl-Heinz Schnellinger, der nun schon zwanzig Jahre in Italien zu Hause ist, spielt den Dolmetscher.

Der blonde Karl-Heinz Schnellinger spielte viele Jahre an der Seite Riveras beim AC Mailand. Bei der WM 1970 waren sie Gegner

Beinahe wäre ich selber mit 21 ein »Italiener« geworden. Nach der Weltmeisterschaft 1966 in England wollte mich unbedingt Inter Mailand kaufen. Für damalige Verhältnisse boten sie unglaublich viel Geld. Wenn es nach mir gegangen wäre, ich hätte den Sprung über die Alpen gewagt. Mein Freund Karl-Heinz Schnellinger hatte mir während der WM in England ständig von Italien vorgeschwärmt und wie man dort Fußball spielt.

Es war auch schon alles klar, aber dann schlossen die Italiener nach ihrem Debakel in England die Grenzen für ausländische Fußballer. Die Mailänder ließen dennoch nicht locker. Nun wollte mich der AC haben für den Fall, daß die Grenzen wieder geöffnet würden. Doch die blieben bis 1980 geschlossen. Leider, denn ich bin mir auch heute noch ganz sicher, daß ich mich in Italien wohl gefühlt hätte, daß meine Art, Fußball zu spielen, gut angekommen wäre. Und Mailand liebe ich ganz besonders.

»Schnellinger, Beckenbauer, Rivera in einer Mannschaft, das hätte gut geklungen«, schmunzelt Rivera. Er ist jetzt in den Vierzigern. Sein intelligentes Gesicht hat weiche Züge. Die Haare sind kurz geschnitten. Da wir anschließend zum Spiel des AC Mailand gegen Verona ins San-Siro-Stadion fahren wollen, hat er sich entsprechend sportlich mit Lederjacke und Kordhose gekleidet. Er spricht sehr gewandt, aber wenn es nach dem Temperament ginge,

Weil temperamentvoll und stets auf Ballhöhe, wurde Gianni Rivera zum Liebling des Mailänder Publikums

Rivera zwischen Beckenbauer und Franz Roth 1968 im Europacupspiel AC Milan gegen FC Bayern

Beim Bummel durch Mailand umringen sofort fußballbegeisterte Passanten die Stars von einst

dann würde man eher in Karl-Heinz Schnellinger den Südländer vermuten — obwohl er sich bei dem folgenden Dialog zwischen Gianni und mir zurückhält.

Ich frage Gianni, was Fußball für ihn bedeutet.

»Fußball, das ist für mich Theater. Es geht darum, sich und andere zu unterhalten. Mehr habe ich da nie gesehen.«

»Dann warst du also auf dem Spielfeld nicht derselbe wie im normalen Alltag?«

»Ich weiß nicht, ob man im Spiel seinen wahren Charakter verrät. Ich war immer ein sehr reservierter Mensch. Nur auf dem Platz wurde ich selbstsicher und viel offener. Ich wußte: Was du hier machst, das kannst du. Da brauchst du dich nicht zu genieren.«

»Heißt das, du hattest im täglichen Leben Schwierigkeiten?«

»Nein, ich glaube, ich habe sehr früh begriffen, unter welcher Käseglocke man als Fußballspieler lebt. Da denken und entscheiden ständig andere für dich. Nichts darf dich interessieren als Fußball. Für mich aber war es wichtig, meinen eigenen Kopf zu behalten, mir Gedanken über meine Umgebung zu machen, mich mit anderen Dingen als nur mit Fußball zu beschäftigen.«

»Wenn ich ehrlich bin, habe ich solche Dinge erst erkannt, als ich meine gewohnte Umgebung in München verließ. Das war 1977, als ich nach New York zu Cosmos ging und mich plötzlich in einem anderen Land, unter fremden Menschen zurechtfinden mußte. Wo ich plötzlich über die Straße gehen konnte, ohne daß ich mich beobachtet fühlte. So etwas hatte ich ja nie gekannt. Schon als junger Bursche nicht.«

Rivera nickt mir zu. »Der Erfolg sollte nicht zu früh kommen. Er nimmt etwas fort, was man nie wiederfinden kann: die Jugend und damit die Zeit, in der du lernst, erwachsen zu werden. Wenn dir in jungen Jahren alles abgenommen wird, fürchtest du dich vor dem Erwachsensein. Du weißt nämlich nicht, was du machen sollst, wenn du einmal wirklich auf dich allein gestellt bist. Diese Angst hatte ich schon sehr früh.«

Anfang der sechziger Jahre galt Gianni Rivera als das größte Talent des italienischen Fußballs. In seiner Heimatstadt Alessandria spielte er bereits mit 16 in der ersten Mannschaft der A-Liga, als der AC Mailand den Wunderknaben für 750 000 Mark vom Fleck weg kaufte. Im Laufe von knapp zwanzig Jahren machte Rivera dann 501 Spiele für den Mailänder Club.

»Und wie war es, als du abtreten mußtest?«

»Das war furchtbar für mich. Das hat mich viel Überwindung gekostet. Es ist auch keine hastige Entscheidung gewesen. Aber als ich dann 1979 endgültig basta sagte, hätte ich heulen können — wenn ich

Länderspiele gegen Italien sind Prestigekämpfe:
Beckenbauer gegen Chinaglia,
Netzer gegen Rivera

Erschöpfung steht in den Gesichtern von Uwe Seeler und Gianni Rivera. Das »Spiel des Jahrhunderts« ist vorbei, Italien hat nach 120 Minuten mit 4:3 gewonnen. Versöhnlich werden die Trikots getauscht

Rivera mit seiner jungen Frau. Beim AC Milan war der ehemalige Kapitän zeitweise Präsident

mir nicht schon zu alt dafür vorgekommen wäre.«
Heute läßt er sich nur noch selten überreden, bei einem Prominentenspiel mitzukicken. Ich erzähle ihm von unserer Altherrenmannschaft, in der Uwe Seeler, Wolfgang Overath, Günter Netzer und viele andere ständig für gute Zwecke nochmals die Fußballstiefel anziehen. »Der Wolfgang Overath macht heute sechzig Spiele im Jahr, soviel wie in seiner aktiven Zeit.«
Gianni Rivera schüttelt ungläubig den Kopf. »Nein, das möchte ich nicht. Ich könnte nicht ertragen, daß nun andere schneller und besser sind. Das würde mich traurig machen.«
Ich konnte seinen Standpunkt verstehen. Andererseits hatte Gianni gut reden. Auch er steckte noch mittendrin im Fußballgeschäft. Er war Vizepräsident des AC Mailand, bis Italiens neuer Medienkönig Silvio Berlusconi mit zehn Millionen Mark einstieg und Präsident des Clubs wurde. Berlusconi setzte seinen Bruder auf den Stuhl des Vizepräsidenten, aber Gianni Rivera verschwand nicht ganz von der Szene. Er machte seine Verbindungen und Beziehungen weiter für den Club nutzbar, mittlerweile auch als Abgeordneter des italienischen Parlaments.
Denn beide, der Club und Rivera, können ohne einander nicht leben. Gianni machte in den Farben des Clubs eine märchenhafte Karriere. Und der Club verdankt Gianni sein Leben. Denn 1975, als der AC Mailand sportlich und finanziell am Boden lag, trat Gianni Rivera als der Retter auf. Der Sohn eines Eisenbahners mobilisierte reiche Freunde, die im Handstreich die Aktienmehrheit des Clubs aufkauften. Gianni, damals noch Spieler, war fortan nicht nur der Kapitän seiner Mannschaft, er stellte auch hinter den Kulissen die Weichen. Er feuerte Trainer,

Vorstand und den Präsidenten. Und er hatte Erfolg. 1979 wurde Mailand nach elf Jahren wieder Italienischer Meister. Erst nach seinem Abschied vom aktiven Fußball ließ sich Rivera offiziell zum Vizepräsidenten küren.
Noch ungewöhnlicher als seine doppelte Karriere beim AC Mailand mutet eine andere Geschichte an: seine Zusammenarbeit mit dem Mailänder Padre Eligio, eine Verbindung, über die auch in deutschen Zeitungen viel geschrieben und spekuliert wurde. »Was hat es damit auf sich?« frage ich Gianni.
»Das ist vor allem eine sehr intensive Freundschaft. Ich habe den Padre 1969 im Flugzeug während einer Reise nach Brasilien zum Weltcupfinale kennengelernt. Ich war auf Anhieb von ihm begeistert, von seinen Ideen und seiner Intelligenz fasziniert.«
Der Padre, Sohn eines Großbauern, organisierte eine weitverzweigte soziale Hilfsgemeinschaft. Er gründete mit den Spenden reicher Mailänder ein Antidrogenzentrum, eine Telefonseelsorge, eine Unfallhilfsgemeinschaft, einen Fonds für in Not geratene Studenten aus der Dritten Welt und »Mondo X«, eine Gemeinschaft, in der jeder jedem hilft.
Gianni Rivera, den man in Italien den »Goldjungen« nannte, engagierte sich für die Arbeit des Padre. Oft ahnten die Anrufer des Seelsorgedienstes nicht, daß ihnen am anderen Ende der Leitung niemand anders als der Fußballstar Rivera Trost spendete.
»Ja, ich galt wohl als Außenseiter in unserer Fußballwelt. Zumindest hat mich unsere Presse dazu gemacht. Wenn einer in der Herde einer Mannschaft steckt, dann nimmt man ihm eben übel, wenn er da auszubrechen versucht. Mich hat das nicht beeindruckt. Ich habe mich immer dagegen gewehrt, als Idol auf ein Podest gestellt und vergöttert zu werden. Ich wollte vielmehr zeigen, daß man — wenn man nun schon mal als außergewöhnliches Wesen behandelt wird — eine Verpflichtung gegenüber der Gesellschaft hat.«
Gianni Rivera sagt das ohne Pathos und fügt hinzu, als wolle er nicht länger über seine guten Taten reden: »So, nun laßt uns aber ins Stadion fahren, es ist Zeit.«

Wir fachsimpeln, Gianni, Karl-Heinz und ich. Und wir langweilen damit Giannis Freundin — mittlerweile die Ehefrau des ehemals eingefleischten Junggesellen Rivera.
Wir reden über das dürftige Abschneiden der italienischen Mannschaft in Mexiko bei der Weltmeisterschaft, über die ersten Erfolge der neuformierten Elf und die guten Perspektiven, die wir alle drei in diesem neuen Team erkennen. »Warte ab, Gianni«, sage ich ihm, »bei der Europameisterschaft werdet ihr wieder eine Mannschaft haben, auf die Italien stolz sein kann.«
»Jetzt haben wir genug geredet über Fußball und genug gesehen«, sagt er nach dem Spiel, »laß uns in die Stadt fahren und etwas ganz anderes tun.« Wir schlendern durch die eleganten Galerien, trinken ein Glas in einem der Cafés, und plötzlich zeigt Gianni hinüber zum Dom. »Kommt«, sagt er, »laßt uns aufs Dach klettern«, und zu mir gewandt: »Von dort oben hast du einen wundervollen Blick über die ganze Stadt.«
In der Kirche zündet jeder von uns eine Kerze an. Gianni und Karl-Heinz für den AC Mailand. Ich für . . . Nein, das wird nicht verraten, sonst geht der Wunsch nicht in Erfüllung.

Im Mailänder Dom zünden Gianni Rivera und Franz Beckenbauer zum Abschied Kerzen an

Vor seinem Trophäenschrank präsentiert Eusébio da Silva Ferreira seine »goldenen Schuhe‹, die ihn als einst besten Torschützen Europas auszeichnen

Eusébio

»Vor diesem Mann haben die besten Torhüter der Welt gezittert«

Eusébio im Dreß von Benfica Lissabon: Er war Afrikas erster Weltstar des Fußballs

Eusébio, der große Eusébio. Ich kannte ihn und kannte ihn doch nicht. Ich mußte sogar überlegen, ob wir überhaupt jemals gegeneinander gespielt hatten. Schließlich fielen mir zwei Spiele zwischen unseren beiden Clubs Benfica Lissabon und Bayern München ein. Kein Europacup-Wettbewerb, kein Länderspiel und keine Weltmeisterschaft hatten uns je zusammengebracht. Natürlich, wir waren uns bei Auswahlspielen begegnet, zum Beispiel in Dortmund. Und vor unserem WM-Qualifikationsspiel gegen Portugal sahen wir uns in Lissabon – aber zu mehr als einem freundlichen »Wie geht's?« hatte es nie gereicht.

Ich habe das immer bedauert, denn Eusébio gehört für mich zu den größten Spielern in der Fußballgeschichte. Er stammt aus der ehemaligen portugiesischen Überseeprovinz Mosambik und war der erste Afrikaner, der als Fußballer ein Weltstar wrde. 1966, bei der Weltmeisterschaft in England, erzielte Eusébio mit neun Treffern die meisten Tore des Turniers, vier mehr als unser Helmut Haller. Er gewann mit Benfica Lissabon zweimal den Europapokal. Viele verglichen den »schwarzen Panther« Eusébio mit der »schwarzen Perle« Pelé.

In Lissabon wollte ich Eusébio da Silva Ferreira, wie er mit ganzem Namen heißt, nun endlich besser kennenlernen. Auf dem Flug blätterte ich in einem kleinen Buch, das ich mir als Reiselektüre eingesteckt hatte. Es heißt »Mein Name ist Eusébio« und war schon 1967 erschienen, also ein Jahr nachdem der damals 24jährige durch seine Tore in England weltberühmt geworden war. In diesem Buch, einer Autobiographie, zitiert Eusébio den Bericht des Londoner »Sunday Express« nach dem 3 : 1-Sieg der Portugiesen über Brasilien. Man spürt, wie mit dem englischen Reporter die Begeisterung durchgegangen ist. Doch wer Eusébio 1966 erlebt hat, kann die Lobeshymne verstehen:

»Eusébio . . . ist schwarze Magie. Hier ist reines und instinktives Genie anzutreffen. Es spielt keine Rolle, wer die Weltmeisterschaft gewinnen wird. Eusébio mit seinen gemächlichen, entspannten Bewegungen, seinem unregelmäßigen, dennoch lebendigen Rhythmus und seinen blitzartigen Schüssen – ob mit dem rechten oder linken Bein – ist bereits heute zur Persönlichkeit Nummer eins des Turniers von 1966 geworden. Zählt man seine Talente zusammen, so übertrifft er sogar Pelé, würde ich sagen. Der Mann aus Mosambik beherrscht den Ball perfekter als Pelé. Dieser Fürst unter den portugiesischen Spielern hat die außergewöhnliche Fähigkeit, jeglichem Stoppversuch des Gegners zu entgehen und sich seinen Weg zu bahnen. Seine Kraft und seine Schnelligkeit sind unglaublich . . .«

Wir spielten damals mit der deutschen Mannschaft in einer anderen Gruppe, mußten nacheinander die Schweiz, Argentinien, Spanien, Uruguay und die Sowjetunion ausschalten, ehe wir beim Finale im Londoner Wembley-Stadion auf England trafen.

Portugal besiegte zunächst Ungarn und Bulgarien. Beim 3 : 1 über Brasilien half auch der Schiedsrichter mit, der mehrere Fouls an Pelé unbeanstandet durchgehen ließ. Anschließend gewann Portugal gegen Nordkorea. Erst im Halbfinale scheiterten die Männer um Eusébio am Gastgeber England, gewannen jedoch den Kampf um den dritten Platz gegen die Russen.

Was mir unvergessen bleiben wird, ist das Spiel Portugal gegen Nordkorea, in dem Eusébio einmal mehr sein überragendes Können vorführte.

Die Asiaten hatten bereits das stolze Italien mit 1 : 0 blamiert und gingen gegen Portugal mit 3 : 0 in Führung. Die Fußballwelt schien kopfzustehen. Doch dann schoß Portugals Wunderstürmer allein vier Tore, am Ende hieß es 5 : 3. Eusébio hatte die armen Koreaner schwindlig gespielt – wie in Ekstase. »High« würde man heute sagen. Englands Zeitungen, die plastische Vergleiche lieben, tauften Eusébio damals »schwarzer Panther«.

Fast schien es, als würde unserem Kennenlernen auch diesmal etwas im Wege stehen – dichter Nebel über dem Flughafen von Lissabon. Die Lufthansa-Maschine mußte in der 300 Kilometer entfernten Hafenstadt Porto landen.

Nach einer recht ungemütlichen Taxifahrt durch Nacht und Nebel sind wir endlich in unserem Lissaboner Hotel. Und da sitzt, geduldig seit Stunden wartend, Eusébio. Er empfängt mich strahlend mit weit ausgebreiteten Armen. »Ich freue mich sehr über deinen Besuch, Franz. Darauf müssen wir erst mal einen trinken.« Lachend schleppt er mich auf direktem Weg in die Hotelbar.

Wir unterhalten uns auf englisch, in der Sprache der Fußballveteranen. Wie Pelé und ich hatte auch Eusébio sein Englisch während seiner Zeit in der nordamerikanischen »Soccer-Liga« gelernt. Er spielte zwei Jahre lang in Toronto, und dank seiner Tore wurden die Kanadier 1976 sogar Meister – sie besiegten Cosmos New York inklusive Pelé.

Um meinen ersten Eindruck von Eusébio zu schildern, muß ich ihn einfach mit Pelé vergleichen, dessen Gast ich wenige Wochen zuvor war. Pelé wirkt meist sehr ernsthaft, ein bißchen gehetzt, aber auf der anderen Seite geduldig und freundlich gegenüber jedem. Er ist eine Institution in seiner Heimat Brasilien. Eusébio dagegen ist spontaner, offener, irgendwie freier. Er wirkt unkompliziert, wie einer, der sein Leben lebt und es so nimmt, wie's kommt.

Ich wußte natürlich, was man sich in Fußballerkreisen so erzählt über Eusébio: daß er großzügig mit dem Geld umgehe, allen Dingen, die Spaß machen, zugetan sei, sich gutmütig von den vielen Freunden ausnutzen lasse, die einen gefeierten Star wie ihn umgeben. Und daß er heute kein reicher Mann sei. Ein paarmal las ich sogar, Eusébio sei ein tragischer Fall, ein Mann, der den Ruhm nicht verkraftet habe. Deshalb war ich um so gespannter, von ihm selbst zu erfahren, wie es ihm geht.

»Danke, ich bin zufrieden«, antwortet er auf meine direkte Frage und zuckt ein bißchen hilflos mit den Schultern. »Manche Dinge könnten besser gehen, aber bei wem ist das nicht so?«

Er trainiere jetzt bei seinem alten Verein Benfica die Torhüter, das sei schließlich ein verantwortungsvoller Job. »Wichtig ist, daß die Knochen halten.« Er deutet auf seine Knie. »Ich bin sechsmal operiert worden. Meniskus, Bänder, alles war kaputt. Das war schon zu Beginn meiner Laufbahn. Eigentlich ist es ein Wunder gewesen, daß die mich immer wieder zusammengeflickt haben.«

Beim Gehen knickt sein rechtes Knie nach innen, was mich an unseren ehemaligen Bundestrainer Helmut Schön erinnert, der auch seit seinen jungen Jahren an einer Knieverletzung leidet. Der etwas massig gewordene Oberkörper Eusébios scheint auf den immer noch kraftvollen Beinen nicht die richtige Balance zu finden.

Vor diesem Mann haben noch vor wenigen Jahren die besten Torhüter der Welt gezittert. Keiner konnte schießen wie Eusébio. Er tat es rechts, aber auch links und mit einer unverwechselbaren Haltung: Für einen Augenblick verlagerte er sein Körpergewicht auf das Standbein und zog das Schußbein voll durch. Dabei klappten Oberkörper und Schußbein wie ein Taschenmesser zusammen. Das hochschnellende Bein berührte fast Eusébios Brust, der Ball erhielt eine unglaubliche Fahrt.

Nach dem zweiten Drink verabreden wir uns für den nächsten Tag. Eusébio will mit mir in die Stadt fahren, bevor er dann bei Benfica zum Training der Torhüter muß.

Er holt uns mit seinem Auto ab, einem bescheidenen Mittelklassewagen. »Kennst du unsere Stadt, Franz?« fragt er, während wir über die Avenida da Liberdade fahren, die Prachtstraße Lissabons. »Nur flüchtig«, antworte ich, »aber immerhin habe ich mal ›Die Nacht von Lissabon‹ von Erich Maria Remarque gelesen.«

»Ich nicht«, sagt Eusébio und erzählt mir ein bißchen von der Geschichte Lissabons, das wie Rom auf sieben Hügeln gebaut wurde. Die Stadt liegt an der bis zu zehn Kilometer breiten Mündungsbucht des Rio Tejo. Von hier aus wurde einmal die halbe Welt regiert, bevor das Weltreich Portugal zerfiel.

Eusébio zeigt mir sein Stammlokal in der malerischen Altstadt. Der Wirt und viele der Gäste begrüßen uns mit lautem »Hallo«, man klopft Eusébio auf die Schultern – »Prima, daß du deinen Freund mitgebracht hast« –, und natürlich gibt es ab jetzt nur noch ein Thema: Fußball im allgemeinen und das Abschneiden der portugiesischen Mannschaft bei

Eusébio ist heute Torwart-Trainer bei Benfica Lissabon. Die Fans haben ihm die Treue gehalten

Zwei der erfolgreichsten Torschützen aller Zeiten: Gerd Müller trat in den siebziger Jahren die Nachfolge von Eusébio an, der dreimal zum »Fußballer Europas« gewählt wurde

der Weltmeisterschaft in Mexiko im besonderen. Eine temperamentvolle Diskussion entsteht. Die einen beklagen die Spannungen, denen das Team meines Kollegen José Torres schon vor dem ersten Spiel ausgesetzt war. Die Mannschaft hatte mit dem Verband keine Einigung über die Prämien erzielt und drohte mit Streik. Die meisten, und zu ihnen gehörte auch Eusébio, hatten ihrer Mannschaft freilich ohnehin nicht mehr zugetraut: ein 1 : 0 gegen England – ein sensationeller Sieg –, danach ein 1 : 0 gegen Polen und dann ein 1 : 3 gegen die Überraschungself aus Marokko – »mehr war nicht drin«, sagt Eusébio, »wir haben zuletzt 1966 an einer Weltmeisterschaft teilgenommen. Wir besitzen ganz einfach nicht die Spieler mit der nötigen Erfahrung.«

Womit wir schon wieder beim Schwärmen von den guten alten Zeiten sind. Augusto, Coluna, Pereira ... ich zähle die Namen aus Eusébios Mannschaft auf, und da leuchten die Augen. Ich habe allen aus der Seele und aus dem Herzen gesprochen, und weil Porto weit ist, höre ich keine Einwände.

Aber ich werfe den Namen der Lissaboner Konkurrenz doch in die Debatte. Daß der FC Porto gegen Bayern München das Finale um den Europacup der Meister 1987 gewonnen habe, eine portugiesische Mannschaft also und nicht Real Madrid (den Hinweis lasse ich im Nebensatz fallen), müsse doch auch in Rechnung gestellt werden, wenn man über Portugals Fußball und Eusébios Erben diskutiere. Einen Atemzug lang schweigen alle still. Sie scheinen zu überlegen, ob sie dem Gast zeigen sollen, wie sehr man sich in der Hauptstadt, bei den Traditionsclubs Benfica und Sporting, über die Konkurrenz in der Provinz ärgert. Doch dann höre ich nur, wenn auch ein wenig distanziert, Anerkennung und Lob über die Mannschaft, deren Spiel im Pratersta-

dion von Wien ganz Europa in Verzückung versetzte.
Als der Name Futre fällt, sind sich alle wieder einig: Portugal muß sich nicht verstecken, wenn's um Fußball geht. Wie hatten sie den Jungen genannt? Europas Maradona? Und was hatte Atletico Madrid für ihn bezahlt? 13 Millionen Mark? Mein Gott.
Ich konnte nachempfinden, wie Eusébio in diesem Augenblick zumute war. Die heutigen Endspiele in den europäischen Wettbewerben, sind das nicht meistens höchst müde Angelegenheiten im Vergleich zu früher? Im Vergleich vor allem mit einem Finale, das alle für das größte halten?
An dieser Stelle konnte ich Eusébio wieder das Stichwort geben und die Runde zum Schweigen bringen. »Ich erinnere mich«, sage ich, »an ein Finale von Benfica, ich glaube, 1962 war es, in Holland . . .«
»Ganz genau«, nimmt Eusébio strahlend den Faden auf, »am 2. Mai 1962 in Amsterdam. Ich war damals gerade zwanzig. Ich sehe alles noch vor mir. Überhaupt, ich kann mich an jedes Spiel, das ich gespielt habe, genau erinnern. Ich glaube, da bin ich wie ein Schachspieler, der alle seine Partien und Tausende andere dazu in seinem Kopf gespeichert hat. Ich könnte mich hinsetzen und über jedes meiner Spiele ein Buch schreiben.«
Ich schaue Eusébio etwas ungläubig an und vergesse für einen Augenblick mein köstliches Silberbarschfilet. Denn ich selber kann mich heute zum Beispiel an viele Phasen unseres WM-Endspiels 1966 im Wembley-Stadion nicht mehr erinnern, weil ich damals einfach zu müde war.
Bei Eusébio jedoch scheint jedes Spiel wie ein Film vor seinen Augen abzulaufen. Vielleicht liegt es daran, daß Fußball sein Lebensinhalt war von Kindheit an, seine große Chance.
Eusébio wurde am 25. Januar 1942 in Lourenço Marques, Mosambik, geboren. Die ehemalige portugiesische Kolonie in Ostafrika wurde erst 1975 unabhängig. Heute ist sie eine sozialistische Volksrepublik, und Eusébios Geburtsstadt heißt nun Maputo.

Eusébio stammt aus der ehemaligen portugiesischen Kolonie Mosambik. 1960 holte ihn Benfica

Der Vater Eusébios war früh gestorben, die Mutter mußte ihre acht Kinder allein durchbringen. Eusébio verdiente sich seine ersten Escudos beim örtlichen Fußballclub, und er spielte so gut, schoß so viele Tore, daß die Sportzeitungen im fernen Lissabon immer häufiger seinen Namen nannten. Da war es nur eine Frage der Zeit, bis der schwarze Wunderstürmer von den beiden führenden Vereinen Portugals, Benfica und Sporting, umworben wurde. Nach einem heftigen Gerangel entschied sich Eusébio für das Angebot Benficas. Der Kampf um ihn muß so trickreich und erbittert geführt worden sein, daß sich die beiden Lissaboner Lokalrivalen auf Jahre hinaus spinnefeind waren.
Im Dezember 1960 begann Eusébios Karriere bei Benfica. »Du lieber Himmel, wenn ich daran denke, wie ich damals nach meiner Ankunft, vor Aufregung stotternd, die Fragen der Reporter beantwortet habe! In den ersten Tagen schrieb ich einen Brief nach dem anderen an meine Mutter Dona Elisa, um ihr zu schildern, was hier in Lissabon alles auf mich

Eusébio war ein Meisterschütze, keiner schoß seine (vielen) Tore mit einer solchen Wucht und Präzision

Nachdenklich: Nicht alles lief glücklich im Leben von Eusébio, der oft den falschen Freunden vertraut hat

einstürmte. Und gefroren habe ich damals wie ein Hund. Ich dachte, ich sterbe vor Kälte.«
Schon wenige Monate später begegnete er dem großen Pelé. Das war bei einem Vereinsturnier in Paris. »Wir spielten gegen den FC Santos, und ich saß auf der Ersatzbank«, erzählt Eusébio, während der Ober den Portwein nachgießt. »Nach einer halben Stunde lagen wir 0 : 5 zurück. Da schickte der Trainer mich aufs Feld. Zu verlieren war sowieso nichts mehr. Nun, ich schoß drei Tore, und der FC Santos mit Pelé kam ins Schwimmen. Das Spiel endete schließlich 6 : 3 für Santos, aber du hättest am nächsten Tag die Pariser Zeitungen lesen müssen! Mein Name stand in allen Schlagzeilen. Am Kiosk neben unserem Hotel habe ich gleich einen ganzen Stapel gekauft, daraus ein Paket geschnürt und nach Mosambik zu meiner Mutter geschickt. Sie sollte wissen, daß ich die drei Tore auch für sie geschossen hatte. Oh, war ich stolz.«
Die eigentliche Geburtsstunde des Fußballstars Eusébio aber war jenes Europacup-Finale gegen Real Madrid, das am 2. Mai 1962 stattfand.
In den Spielen zuvor hatte Benfica unter anderen den 1. FC Nürnberg mit 6 : 0 Toren überrannt, und nun also sollte sich zeigen, wer die Größten in Europas Fußball waren — die sieggewohnten Routiniers von Real Madrid oder die jungen Draufgänger aus Lissabon.
»Es sah zuerst nicht gut aus für uns. Puskas machte das 1 : 0, gleich darauf noch das 2 : 0. Doch wir holten auf, schließlich stand es 3 : 3. In der 64. Minute verwandelte ich einen Elfmeter zum 4 : 3, und was dann kam, erlebte ich wie in Trance.«
Eusébio räumt die Teller und Gläser beiseite und zeichnet mit der Messerkante auf dem Tischtuch die Szenen einer Fußballnacht nach, die niemand, der sie im Stadion oder am Bildschirm erlebte, je vergessen wird. Wie im Zeitraffertempo wechselten die Torraumszenen. Eusébio schien wie von Sinnen, umspielte die spanischen Verteidiger, als seien sie Holzfiguren, schoß aus allen Lagen und brachte Stars wie Puskas, di Stefano, Santamaria, del Sol und Gento zur Verzweiflung.
Und dann die 68. Minute. Eusébios Augen bekommen noch heute Glanz, wenn er davon erzählt: »Freistoß für uns. Ich lege mir den Ball zurecht. Di Stefano, für mich damals ein Gott, ruft mir zu: ›He, Negritto, laß das bleiben! Du schaffst das nicht!‹ Ich sehe ihm direkt ins Gesicht und antworte, so daß nur er es hören kann: ›Ich hau' jetzt den Ball ins Tor!‹ Ich war mir absolut sicher, laufe an, schieße mit meiner ganzen Kraft und reiße die Arme in die Höhe, obwohl der Ball noch in der Luft ist. Ich wußte, daß er im Netz landen würde. Noch bevor sich meine Kameraden auf mich stürzen, erwische ich den Blick von di Stefano. Der sieht mich an wie einen Geist.«
Mitspieler trugen Eusébio vom Platz, begeisterte Fans rissen ihm Hemd, Schuhe und Socken vom Körper. »Ich dachte, sie erdrücken mich. Und ich konnte mich doch nur mit einer Hand wehren, denn mit der anderen mußte ich in meiner Hose etwas Wertvolles festhalten. Nicht, was du denkst, Franz! Etwas viel Wichtigeres: Di Stefano hatte mir nach dem Schlußpfiff sein Trikot geschenkt! ›Da, Negerchen, nimm das von mir‹, hatte er gesagt. Und ich stopfte mir die Trophäe vorn in meine Hose. In diesem Chaos hatte ich dann nur einen Gedanken: Halt das Hemd fest, und wenn sie dich vor Begeisterung umbringen.«
Eusébio hat danach noch viele Erinnerungsstücke gesammelt: den »goldenen Adler«, die wertvollste Auszeichnung, die Benfica verleiht. Zweimal den »goldenen Schuh« als erfolgreichster Torschütze Europas, den »goldenen Ball« als bester Fußballer Europas, dazu Pokale, Souvenirs aller Art. Eusébio zeigt sie mir nach seiner Trainingsstunde bei Benfica in einem kleinen Zimmer seiner Wohnung, kaum eine Autominute vom modernen, gerade auf eine Kapazität von 120 000 Zuschauern erweiterten Vereinsstadion seines Clubs entfernt.

Im Wohnzimmer ist der Tisch für uns gedeckt. »Das ist Flora, einst das schönste Mädchen von Mosambik«, stellt Eusébio seine Frau vor. Sie spricht etwas Englisch wie die beiden Töchter Sandra, 16, und Karla, 17, die auf Privatschulen gehen.

Auch Eusébios Frau Flora stammt aus Mosambik. Ihr Großvater war ein deutscher Abenteurer! Die Töchter Karla und Sandra besuchen in Lissabon eine Privatschule

Während wir Kaffee trinken, erfahre ich eine Neuigkeit, die der Hausherr sogar in seiner Biographie verschwiegen hat, obwohl er seiner Frau und der Hochzeit ein ganzes Kapitel gewidmet hat. »Ich bin eine geborene Brüheim«, erzählt Flora zu meinem Erstaunen. »Mein Großvater war ein deutscher Abenteurer oder ein Kolonialarbeiter. Mein Bruder heißt übrigens Ferdinand.«

Ich erlebe eine nette Stunde bei der Familie Ferreira, die sich in ihrer Dreizimmerwohnung keinen übertriebenen Luxus leistet. »Ich bin kein Millionär, Franz«, lacht Eusébio. »Inter Mailand und auch Real Madrid haben mir einst zwar Millionen geboten, aber ich konnte ja nicht weg. Ich war während meiner fünf besten Jahre Soldat, und mein oberster Dienstherr hieß Staatsprädisent Salazar. Dreimal habe ich bei ihm ein Gesuch eingereicht, das Land verlassen zu dürfen, um anderswo spielen und viel Geld verdienen zu können. Doch jedesmal wurde es abgelehnt mit der Begründung, ich gehörte dem portugiesischen Volk.«

Erst am Ende seiner Karriere, als Benfica ihn nach seinen sechs Operationen für entbehrlich hielt und ihm das mittlerweile demokratische Portugal keine Hindernisse mehr in den Weg legte, durfte Eusébio 1975 das Angebot von Toronto annehmen und zwei Jahre lang in Kanada Dollars verdienen. »Wir haben am Strand noch ein Ferienhaus«, erzählt er mir, »aber zu mehr hat es nicht gereicht.«

Abends fahren wir zusammen in eines der typischen Fado-Restaurants, wo bei Kerzenlicht die Sänger mit ihren Gitarren und mit lyrischen Liedern die Zuhörer in eine wehmütige Stimmung versetzen. Ein Lied besingt die Dinge, die unwiederbringlich vorbei sind im Leben. Ein trauriges Lied. Eusébio bewegt die Lippen dazu. Er kennt den Text.

Hackentrick von Bobby Charlton:
Zwei Ball-Artisten zeigen den Buben im Arbeiterviertel von Manchester, daß sie nichts verlernt haben

»Erinnerungen an das Duell von Wembley«

Bobby Charlton

Energischer Einsatz von Bobby Charlton in Mexiko. Dennoch muß er am Ende als Verlierer vom Platz

Ich habe schon einiges erlebt, aber so etwas noch nicht: Da zieht doch neben mir der Vizepräsident von Manchester United eine Pistole aus seiner Smokinghose, feuert zweimal in die Luft und ruft in den Saal: »Gentlemen, ich bitte um Ihre Aufmerksamkeit!«

Die Gentlemen, von diesen Schreckschüssen genauso beeindruckt wie ich, sind augenblicklich ruhig. »Meine Herren«, fährt der Pistolenschütze fort, »ich habe heute einen von Ihnen längst erwarteten Gast mitgebracht: Bobby Charlton. Und dazu jemanden, mit dem Sie nicht gerechnet haben: Bobbys Freund aus Deutschland, Franz Beckenbauer. Applaus, meine Herren!« Dann läßt er sein Schießeisen wieder in der Hosentasche verschwinden. Bobby Charlton grinst mich von der Seite an: »Du erlebst heute einen typischen englischen Abend, Franz.« Wir stehen auf der kleinen Bühne im Vereinslokal des »Clifton Country Club«, eines Sportvereins in Manchester. Ich bin noch etwas verwundert über den Anblick, der sich von hier oben bietet: Die Herren — Damen sind offenbar nicht zugelassen — tragen Smoking oder, wie die Engländer sagen, Dinnerjacket.

Bevor ich Bobby Charlton jedoch fragen kann, aus welchem Anlaß sich die Gentlemen so feingemacht haben, erheben wir erst mal unsere Gläser zu einem Toast: »Auf die Queen!«

Der »Clifton Country Club« hat 2000 Mitglieder. Man spielt Fußball, Rugby, Tennis, Bowling und Cricket. Doch genauso wichtig, so erzählt mir Bobby schließlich, sei das »Social Life«, das gesellschaftliche Leben. Und dazu gehöre eben auch so ein Herrenabend in feinem Zwirn.

Gastgeber ist die Fußball-Sektion. Sie hat Bobby Charlton eingeladen, aus seinem Leben zu erzählen. Der Eintritt betrug fünf Pfund, etwas über 15 Mark. Das ist in Manchester viel Geld, aber an den Tischen ist kein Platz frei geblieben. Einen Bobby Charlton zu erleben, das gibt es nicht alle Tage. Und außerdem weiß jeder, daß der Erlös einem guten Zweck dient: Die Jugendabteilung braucht neue Bälle und Trikots.

»Komm doch heute abend einfach mit«, hatte Bobby Charlton nach meiner Ankunft in Manchester gesagt. »Die Leute werden sich freuen, und ich glaube, du wirst auch deinen Spaß haben.« So also bin ich auf der Bühne des Clubhauses neben Bobby und Freddie Pye gelandet, dem Vizepräsidenten von Manchester United, der mit seinen Pistolenschüssen den Abend gestartet hat. Freddie gehört — wie Bobby auch — zum Direktorium von United, ist sein Geschäftspartner in einem Reiseunternehmen und vor allem sein ständiger »Vorredner« bei Abenden wie diesem. »Wir beide könnten jeden Tag irgendwo auftreten«, flüstert mir Bobby Charlton zu.

Das glaube ich sofort. Freddie Pye bringt wie ein professioneller Entertainer auf Anhieb Stimmung in den Saal. Ich habe allerdings etwas Mühe, ihm zu folgen, denn so, wie man in Manchester Englisch spricht, habe ich es an der Berlitz School in New York nicht gelernt. Daß einiges nicht stubenrein ist, wird mir immer dann klar, wenn sich nicht nur die Herren in Smoking oder Dinnerjacket vor Begeisterung auf die Schenkel klopfen, sondern die Kellnerinnen schrill mitkreischen.

Am besten kommen die besonders makabren Witze an. Zum Beispiel dieser: Bei der Olympiade tritt ein Russe im Hammerwerfen an. Einer aus Sibirien. Zwei Meter groß. Bärenstark! Weltrekord!

Dann folgt ein Amerikaner aus den Rocky Mountains. Schultern breit wie ein Schrank: neuer Weltrekord!

Als letzter ein kleiner Hafenarbeiter aus Manchester, Kettenraucher, Hühnerbrust: absoluter Weltrekord! »Wie hat er das geschafft?« fragt Freddie Pye sein Publikum. »Ganz einfach — sein Trainer hat ihm zugeflüstert: Schmeiß den Hammer ganz weit weg, sonst streichen sie dir deine Arbeitslosenunterstützung.« Der Saal tobt.

Bobby Charlton guckt etwas verlegen zu mir herüber. Dann muß er selbst ans Rednerpult.

In seinem eleganten Smoking mit Weste und Samtfliege, lässig die Hand in der Hosentasche, könnte er auch der Präsident der Bank von England sein. Aber Bobby war schon immer ein Herr, auch als er noch

Bei typischem englischen Wetter zeigt Bobby Charlton seinem alten Freund nicht nur Manchester, sondern auch das Stadion von »United«. Am Abend sind sie in einem kleinen Vorortklub eingeladen, zu einem Herrenabend mit Bier und Billard

Carlsberg
CIDER

MANCHESTER UNITED
adidas

in den Fußballstadien Englands und überall auf der Welt zu Hause war. Sein langes knochiges Gesicht, die bereits in jungen Jahren spärlichen Haare und sein zurückhaltendes Wesen hatten eigentlich noch nie in das Klischeebild eines britischen Fußballprofis gepaßt. Er war der Gentleman am Ball.

Vor über zwanzig Jahren habe ich zum erstenmal gegen ihn gespielt. Ich war noch keine 21, Bobby Charlton sieben Jahre älter und auf dem Höhepunkt seiner Karriere, als wir am 30. Juli 1966 nebeneinander ins Londoner Wembley-Stadion einliefen. Endspiel der Fußballweltmeisterschaft, und ich sollte Bobby Charlton bewachen, den Spielmacher der Engländer, den Kopf der Mannschaft, einen Langstreckenläufer, der ständig unterwegs war und zudem ein gefährlicher und oft erfolgreicher Torschütze. Neunzig Minuten und dann noch dreißig in der Verlängerung, als aus dem 2 : 2 noch eine 2:4-Niederlage wurde, lief ich damals hinter Bobby Charlton her. Am Ende war ich völlig geschafft, und erreicht hatte ich, wie das Endergebnis zeigt, nicht viel. Im übrigen war der Begriff »bewachen« nicht ganz richtig. Bewachen sollte ich den großen Charlton nicht. Ich sollte ihn »neutralisieren«, und das ist etwas anderes.

Dettmar Cramer hatte zusammen mit Bundestrainer Helmut Schön (dem es gesundheitlich nicht gutging) die Taktik entworfen. Sie ging, was Bobby und mich betraf, von dem Prinzip aus, daß der eine durch seine Aktionen den anderen zu Reaktionen zwingen sollte. Diese Theorie traf durchaus zu. Allerdings für uns im weniger günstigen Sinne: Bobby agierte, und ich reagierte.

Unser Duell auf dem berühtem Rasen von Wembley verlief damals schon freundschaftlich, kameradschaftlich. Als ich ihn, nachdem er mich wieder mal umspielt hatte, am Trikot festhielt, drehte Bobby sich um, schaute mich betont vorwurfsvoll an und sagte: »Aber Franz ...«

Die Fachleute sahen in Bobby Charlton damals den Typ des großen Spielmachers, den Nachfolger Alfredo di Stefanos. Die Erfolge Bobbys gaben ihnen recht. Er wurde 1966 Weltmeister, gewann 1968 mit Manchester United den Europacup der Landesmeister. Und was die Beobachter des Finales von 1966 zu erkennen glaubten, nämlich, daß ich auf Bobbys Spuren wandelte, erwies sich als richtig. Schließlich gewannen wir 1974 in München die Weltmeisterschaft, und den Europacup der Landesmeister holte ich mit den Bayern dreimal hintereinander, 1974, 1975 und 1976.

Damals in Wembley war ich noch zu grün, um einen Mann wie Bobby Charlton in seiner Entfaltung zu stören, um seine Ideen zu ahnen. Aber schon vier Jahre später, 1970 bei der Weltmeisterschaft in Mexiko, fand der Tausch der Rollen statt. Wieder planten unsere Trainer, Alf Ramsey und Helmut Schön, dasselbe taktische Spielchen: Der eine sollte den anderen neutralisieren. Doch die Ausgangssituation war eine andere. Bobby war vier Jahre älter geworden, aber ich vier Jahre reifer, erfahrener.

In den Stunden, Tagen, Wochen nach diesem Spiel unter sengender Sonne im Stadion von León (zwischen zwölf und zwei Uhr mittags) ist viel geredet und gerätselt, analysiert und interpretiert worden. Was ging im Kopf des Trainers Alf Ramsey vor, als er Bobby Charlton in der 68. Minute vom Rasen holte? Wollte er seinen Spielmacher fürs Halbfinale schonen? Immerhin führte England 2 : 1, wir schienen geschlagen. Oder hatte Ramsey gemerkt, daß Bobbys Kräfte erlahmten? Sollte Bell dem Team frische Kräfte geben, um den Vorsprung gegen unsere Schlußoffensive, die gewiß kommen mußte, zu verteidigen?

Ich weiß es nicht. Ich weiß nur, daß ich mir, kaum war Bobby vom Feld, den Ball schnappte und losmarschierte und immer weitermarschierte, weil mich niemand aufhalten konnte, und schließlich schoß, als ich auch daran nicht gehindert wurde.

Dieses Tor brachte das Spiel zum Kippen. Wir siegten in der Verlängerung 3 : 2, durch weitere Treffer von Uwe Seeler und Gerd Müller, und dieses Tor kippte die Engländer auch für die nächsten Jahre aus dem internationalen Wettbewerb. Erst 1982 in Spanien kehrten sie ins WM-Turnier zurück, zwölf Jahre nach der 68. Minute von León.

Einen wie Bobby hatten sie nie mehr in England, und unsere Spiele gegeneinander, London und León, vier Stunden Fußball voll gewaltiger Kraft, gehören gewiß zu den Sternstunden, die man in einem Stadion erleben kann. Und welche großen Namen fallen mir ein, wenn ich an diese beiden

Beckenbauer erzielt 1970 gegen England das 1:2, gratuliert Uwe Seeler zum Ausgleich und gewinnt das Duell gegen Charlton

Spiele denke! Bobby Moore, der englische Kapitän. Nobby Stiles, der kleine, giftige Verteidiger, der immer seine Vorderzähne in der Kabine ließ. Jacky Charlton, der ältere Bruder von Bobby. Geoff Hurst, der 1966 drei Tore schoß, der Torwart Gordon Banks, die Verteidiger Newton und Cooper. Der Name Bobby Charlton jedoch überstrahlte alle anderen.

106mal spielte er für England, über 700mal für Manchester United und schoß dabei mehr als 200 Tore. Er gewann den Europacup, den englischen Cup und drei Landesmeisterschaften, er war ein Alleskönner am Ball, Englands Pelé. Er dirigierte das Spiel seiner Mannschaft und schoß selbst viele entscheidende Tore.

Als er 1958 sein erstes Länderspiel für England machte, geschah etwas fast Unglaubliches: Er schoß im Hampden-Park von Glasgow mit einem Volleyschuß von der Strafraumecke ein unhaltbares Tor. Da lief der schottische Schlußmann aus seinem Kasten und gratulierte Bobby Charlton zu diesem Treffer. Und das in einem Spiel zwischen den »Erzfeinden« des britischen Fußballs!

Nun steht er da und erzählt seinen Zuhörern im »Clifton Country Club« von jenem grauen Herbsttag, an dem er 1953 im Alter von 15 Jahren in einem viel zu großen Mantel und mit einem Pappkoffer in der Hand auf dem Hauptbahnhof in Manchester ankam.

Bobby stammt aus dem Bergarbeitermilieu einer Kleinstadt in Northumberland, zwei Zugstunden von Manchester entfernt. Vier Brüder seiner Mutter waren begeisterte Fußballspieler. »Ich wollte Profi werden. Und ich hatte mir folgendes ausgerechnet: Wenn du zwanzig Jahre lang jedes Jahr 100 Pfund sparst, dann bist du für den Rest deines Lebens ein gemachter Mann. Damals konnte man nämlich für 2000 Pfund noch einen kleinen Laden kaufen. Ja, meine Herren, das waren meine Ambitionen, als ich zu Manchester United kam.« Im Saal war es mucksmäuschenstill geworden.

»Für 16 Pfund die Woche habe ich später in der ersten Mannschaft gespielt. Das reichte gerade zu einem Fahrrad, mit dem ich täglich zum Training fuhr. Und wie sieht es heute im Fußball aus? Da hat sich doch kürzlich einer unserer jungen Spieler beklagt, daß es in seinem Hotelzimmer kein Mineralwasser der Marke ›Perrier‹ gibt. So haben sich die Zeiten geändert.« Nun braust der Applaus auf. Die Leute, so scheint mir, wollen überall gern hören, daß die Zeiten früher besser waren. Und Bobby kennt seine Leute.

Nach knapp einer Stunde ist er bei der Schlußpointe. »Da kommt doch kürzlich ein junger Bengel auf mich zu, baut sich vor mir auf und sagt: ›Sie sind doch Bobby Charlton, der Fußballspieler. Wissen Sie, mein Großvater hat Sie oft spielen sehen.‹ Da war mir mal wieder klar, daß ich mich allmählich nach einem Lehnstuhl umsehen muß. Danke, meine Herren.«

Bobby Charlton hat sich 1972, mit 34, zur Ruhe gesetzt. »Vielleicht ein oder zwei Jahre zu früh«, meint er auf der Fahrt zurück ins Hotel. »Du kannst mich auch heute noch auf den Platz stellen, und ich halte die 90 Minuten spielend durch.« Über 60 000 Zuschauer seien bei seinem Abschiedsspiel im »Old Trafford« gewesen, dem berühmten Stadion von Manchester United. Von den Einnahmen kaufte sich Bobby außerhalb von Manchester ein Haus. »Das große Geld gab es damals im Fußball noch nicht. Das volle Stadion brachte mir gerade 40 000 Pfund (rund 150 000 Mark). Die Tickets sind sehr billig bei uns. Da hat die Regierung ein Auge drauf, weil Fußball der Sport des kleinen Mannes bleiben soll.«

»Wie war dir denn zumute bei deinem letzten Spiel?«

»Ich fühlte mich nicht besonders gut. Am Samstag darauf habe ich wie immer morgens meine Sachen gepackt, bis mich meine Frau unterbrach: ›Bobby, wo willst du denn hin? Du spielst doch nicht mehr!‹ Da beschloß ich, gar nichts mehr zu tun. Ich wollte mindestens ein halbes Jahr nur faulenzen, endlich richtig Golf spielen und fischen. Doch dann kam nach drei Wochen mein Freund Freddie Pye und bot mir den Posten des Direktors in seinem Reisebüro an. Und damit war ich wieder im Geschäft.«

Bobby Charlton spielte 106mal für England

Das läuft, mit Bobby Charlton als Aushängeschild, offensichtlich bestens. Zur Fußball-Weltmeisterschaft in Mexiko organisierte Bobby Reisen für Fans. In León hatte er das Hotel »L'Estanzia« gebucht. »Weißt du noch, Franz, da haben wir 1970 nach dem 3 : 2 in einer langen Nacht eine gehörige Anzahl von Champagnerflaschen vernichtet. Die wollte ich ursprünglich springen lassen, weil ich an diesem Tag mit 106 Länderspielen den Rekord von Billy Wright übertroffen hatte. Der Ärger nach der Niederlage gegen euch war dann ein Grund mehr, einen zu heben.«

Bobby schwelgt nicht nur in Erinnerungen. Er hat in den letzten Jahren eine fabelhafte Idee verwirklicht: eine Fußballschule. »Das ist ein richtiges Unternehmen geworden. Während der Schulferien kommen Jungs aus ganz England und sogar aus den USA zu uns nach Manchester. Eine Woche lang arbeiten sie mit meinen Trainern und einigen Spielern von Manchester United. Wir mieten Unterkünfte in der Universität, wo wir die Kinder betreuen. Insgesamt waren schon über 20 000 Jungs und Mädchen bei uns. Mittlerweile bieten wir Fe-

Der Engländer jubelt. Seine Elf führt in León 2:0. Doch dann verläßt nicht Franz, sondern er das Stadion mit hängendem Kopf

rienprogramme für elf verschiedene Sportarten an. Und ich habe einen kleinen Fußball-Wettbewerb entwickelt. Der Sieger des letzten Jahres darf einige Tage beim AC Turin trainieren. Es war übrigens ein junger Vietnamese, einer von den Boat-People.«
Bobby kann nicht klagen. Es geht ihm nach seinen eigenen Worten »richtig gut«. Seine Frau Norma besorgt den Haushalt, die Kinder sind auf dem Teppich geblieben. »Meine Tochter Susan ist jetzt 23. Sie ist Meteorologin und macht für unsere Air Force das Wetter. Und Andrea, die Jüngere, studiert noch und will Apothekerin werden.«
Am Nachmittag, bevor wir zu dem Herrenabend im »Clifton Country Club« fuhren, hatte mir Bobby das »Old Trafford«-Stadion gezeigt, wo Manchester seit über sechzig Jahren seine Heimspiele austrägt. Es ist Eigentum des Vereins. 1941, so erzählte mir Bobby, war es von deutschen Fliegerbomben zerstört worden. Nach dem Krieg wurde es wiederaufgebaut und erst vor kurzem zum wiederholten Male modernisiert: überdachte Tribünen, die bis zum Spielfeldrand reichen, dicke Eisengitter zwischen den einzelnen Sektoren, ganze Batterien von Fernsehkameras, um bei Krawallen wildgewordener Fans zu ermitteln.
»Wirkt bei euch der Schock von Brüssel noch nach?«
Am 29. Mai 1985 waren vor dem Europacupspiel Juventus Turin gegen FC Liverpool im Brüsseler Heysel-Stadion nach Ausschreitungen britischer Fans 38 Menschen zu Tode gekommen.
»Diese Schande wird uns noch lange belasten. Es wird immer Unbelehrbare geben, aber viele sind doch vernünftiger geworden. Wir hier in Manchester haben eigentlich noch nie große Probleme gehabt. Doch die Toten von Brüssel haben wir mitzuverantworten.«

Als wir in den Clubräumen von Manchester vor den Ölporträts der berühmtesten Spieler, wie Denis Law, George Best, Henry Cockburn und Jack Rowley, stehen, frage ich Bobby: »Waren das damals wirklich bessere Zeiten?«
Er zuckt mit den Schultern. »Vielleicht haben es die Jungs heute zu leicht, verdienen zu schnell zuviel Geld, sind zu rasch in den Schlagzeilen der Zeitungen. Wer verkraftet das schon?«
Am nächsten Vormittag fahre ich zusammen mit Bobby im Morgenzug von Manchester zurück nach London. Bobby hat dort geschäftlich zu tun. Beim Durchblättern der Morgenzeitungen bekomme ich noch eine zusätzliche Antwort auf meine Frage nach den »alten, besseren Zeiten«. Bryan Robson von Manchester United, der Kapitän der englischen Nationalmannschaft, flog in seinem ersten Spiel nach einer längeren Verletzungspause vom Platz. Er hatte seinem Gegner ins Gesicht getreten und sich anschließend mit dem Schiedsrichter angelegt.
Bobby Charlton, einst ebenfalls Englands und auch Manchesters Kapitän, wurde in seiner fast zwanzigjährigen Laufbahn nie vom Feld geschickt. (Ich übrigens auch nicht.) Das ist vielleicht doch ein Unterschied zu heute.
Und deshalb ist es wohl auch nicht verwunderlich, daß ich bei einem Blick aus dem Zugfenster immer wieder Bobby Charltons Kopf überlebensgroß auf Reklameflächen sehe. Mit ihm macht der Sponsor von Manchester United, ein japanischer Elektronikgigant, Werbung. Da sind wir also auf gleicher Höhe geblieben, Bobby und ich. Denn über Nachfrage auf diesem Gebiet kann ich mich auch nicht beklagen. Manchmal, so scheint mir, flicht die Nachwelt den alten Siegern doch noch Kränze.

Unser Zug erreicht die ersten Vororte von London. Wir haben über Mexiko geplaudert und auch über das dritte Tor von Wembley. (Bobby: »Ob der Ball drin war, weiß ich nicht. Ich weiß nur, daß der Schiedsrichter ein Tor gegeben hat.«) Wir diskutieren über die neue Punktregel in der englischen Liga, nach der es für ein Unentschieden zwar nach wie vor einen Punkt, für einen Sieg jedoch drei statt zwei Punkte gibt. Bobby: »Ein voller Erfolg. Niemand kann sich mehr erlauben, auf Unentschieden zu spielen.«
Dann erzählt er, daß er 1956 als 18jähriger sein erstes internationales Spiel mit Manchester United ausgerechnet in München machte. Ich kann mich sogar noch erinnern an dieses Pfingstturnier für Ju-

Mit Gesten und Taten dirigierte Charlton die englische Nationalelf in ihrer großen Zeit

gendmannschaften. Ich stand, damals ein Steppke von knapp elf Jahren, hinter dem Tor im Grünwalder Stadion und schaute zu.

»München«, sagt Bobby Charlton, »in dieser Stadt bin ich zum zweitenmal geboren worden.« Er sieht nach draußen, und sein Gesicht ist plötzlich ernst. Er meint die Flugzeugkatastrophe auf dem Münchner Flughafen vom 6. Februar 1958.

Die Mannschaft von Manchester United war nach einem Spiel gegen Roter Stern Belgrad in München zwischengelandet. Die Propellermaschine, die das Fußballteam nach England zurückbringen sollte, schoß nach zwei vergeblichen Startversuchen über die verschneite Bahn hinaus, durchbrach den Flughafenzaun, kam an einem Haus zum Stehen und ging in Flammen auf. 23 Menschen, darunter acht Spieler von United, drei Funktionäre und acht Journalisten, kamen um.

»Ich wurde mit meinem Sitz ins Freie geschleudert. Das war meine Rettung. Ich war kaum verletzt, im Gegensatz zu unserem Manager Matt Busby, der noch wochenlang im Krankenhaus Rechts der Isar zusammengeflickt werden mußte. Aber ich hatte einen Schock und schwor mir, nie mehr Fußball zu spielen, nie mehr in ein Flugzeug zu steigen.«

Doch Bobby, damals erst zwanzig, machte weiter und wurde zur zentralen Spielerpersönlichkeit der neuen Manchester-Mannschaft.

Demnächst will er nach China fliegen. Er ist eingeladen, dort eine Fußballschule zu organisieren. Ich kann mir keinen besseren Botschafter des Fußballs vorstellen, nicht nur des englischen.

Wir verabschieden uns an der Londoner Kings-Cross-Station. »Weißt du, Franz«, sagt Bobby, »ich glaube, wir beide hatten das Glück, in der vielleicht glorreichsten Zeit des Fußballs zu spielen. Dafür sollten wir dankbar sein.«

Wir verabreden uns zu einer Golfpartie, demnächst.

Franz Beckenbauer und Günter Netzer im Berliner Olympiastadion: der eine als Teamchef, der andere als Mitarbeiter einer Schweizer Werbeagentur

»Wir spielten Ramba-Zamba
in einem Wunderteam«
Günter Netzer

Günter Netzer mit dem Europapokal für Nationalmannschaften. 1972 war sein erfolgreichstes Jahr

Vielleicht ist es ein Geheimnis. Mag aber auch sein, daß sich diese kleine Geschichte schon herumgesprochen hat und Helmut Schön mir gar nicht böse ist, wenn ich sie hier verrate:
Immer dann, wenn sich unser ehemaliger Bundestrainer in seinem Haus in Wiesbaden an die großen Stunden seines Lebens als Trainer erinnert, wenn ihn ein bißchen Wehmut überkommt, legt er eine ganz besondere Videokassette auf. So, wie andere Männer in seinem Alter in einer stillen Stunde vielleicht noch einmal an ihre große Jugendliebe zurückdenken, so bekommt Helmut Schön beim Betrachten von neunzig Minuten Fußball feuchte Augen.
Ja, neunzig Minuten Fußball — aber was für ein Spiel! »An diesem Abend war nur etwas versäumt worden, das der Glorie des Ereignisses unbedingt angemessen gewesen wäre: Die 100 000 hätten nur im Dinnerjacket das Wembley-Stadion betreten dürfen.« So hatte es am Morgen des 30. April 1972 in einer Londoner Zeitung gestanden. Und eben die Wiederholung dieser Gala des Fußballs, das Spiel zwischen England und Deutschland, ist bis heute ein Evergreen im großen Videoarchiv von Helmut Schön. Vielleicht war jene Nacht sein größter Triumph gewesen, noch intensiver, grandioser als der Gewinn der Weltmeisterschaft zwei Jahre danach. Denn niemand, sicherlich nicht einmal Helmut Schön, hatte damals damit gerechnet, daß eine Verlegenheitself die Engländer in Wembley schlagen könne. Zumal die Briten bis zu diesem Tag erst dreimal in ihrer Länderspielgeschichte auf dem heiligsten aller Fußballrasen besiegt worden waren. Erstmals übrigens 1953 durch das ungarische Wunderteam mit Puskas, Hidegkuti und Bozsik.
Wir waren damals ohne große Hoffnungen nach England geflogen. Helmut Schön mußte mehrere Stammspieler ersetzen. Dabei war dieses Spiel so wichtig, nicht nur, weil es in London gegen England ging. Wir hatten uns für das Viertelfinale der Europameisterschaft qualifiziert. Bei diesem Wettbewerb hatten sich die deutschen Mannschaften in der Vergangenheit ja nicht besonders mit Ruhm bekleckert. Nun mußten wir uns für das Rückspiel in Berlin eine gute Ausgangsposition schaffen.
Mit dieser Elf? Sepp Maier war leicht verletzt, meine beiden Münchner Clubkameraden Uli Hoeneß und Paul Breitner hatten keine große internationale Erfahrung. Uli machte erst sein zweites, Paul sein viertes Länderspiel. Auf so bewährte und ausgefuchste Spieler wie Libuda und Fichtel mußten wir verzichten, Spätfolgen des Bundesligaskandals. Und dennoch, irgend etwas lag in der Luft an diesem Aprilabend.
Was war das für ein Gefühl! Auf diesem Rasen hatte ich sechs Jahre zuvor die erste bittere Enttäuschung in meiner Karriere verkraften müssen: die Niederlage im Weltmeisterschaftsfinale von 1966. Aber wir hatten ja in der Zwischenzeit »Rache« genommen an den Engländern und sie 1970 in Mexiko aus dem Turnier geworfen. Nun hatten sie eine Rechung zu begleichen.
Vielleicht war es dieses Gefühl der Ohnmacht, diese gewaltige Kulisse von 100 000 Menschen, dieses »Jetzt erst recht«, was in uns einen Funken Hoffnung schürte. Und als Uli Hoeneß unsere Mannschaft mit 1 : 0 in Führung schoß, da war ein Feuer entfacht.
Der Mann, der diesem Spiel seinen Stempel aufdrückte, war Günter Netzer. Die englischen Journalisten, nie um kräftige und auch oft haarsträubende Vergleiche verlegen, tauften Günter den »blonden Engel«. Tatsächlich: Ihn hatte uns der Fußballhimmel geschickt.
Da der Schalker Klaus Fichtel in unserer Abwehr fehlte, mußten wir uns etwas einfallen lassen. Günter und ich hatten vereinbart, wechselseitig Abwehr- und Mittelfeldaufgaben zu übernehmen. Wenn ich nach vorne ging, blieb er hinten — und umgekehrt. Das klappte von der ersten Minute an perfekt. »Ramba-Zamba« nannten später die Journalisten diese Taktik, ein Zauberwort, das ich bis zum heutigen Tage immer wieder höre.

Günter spielte, daß selbst die fachkundigen und damals noch gar nicht so fanatischen, sondern sehr fairen englischen Zuschauer immer wieder Bei-

Drei Chefs auf einem Bild: Helmut Schön betonte stets sein Glück, als Bundestrainer mit solch begnadeten Spielern wie Beckenbauer und Netzer arbeiten zu können

DEUTSCHER FUSSBALL
BUND

fall klatschten. Günters Pässe kamen wie an der Schnur gezogen zu den Außenstürmern Held und Grabowski. Zusammen mit seinem Mönchengladbacher Vereinskameraden Herbert Wimmer, mit dem er sich blind verstand, spielte er das englische Mittelfeld fast schwindlig. Besonders der kleine Allan Ball, einer der Stars der Gastgeber, mußte ständig hinter Günter herrennen, anstatt selbst sein Spiel zu organisieren.

Die Engländer glichen zwar aus, aber ein Foul an Sigi Held gab uns dann die Chance zum Führungstreffer. Gerd Müller war für diese Aufgabe eigentlich vorgesehen gewesen. Doch der winkte ab, er, der Torschützenkönig der Bundesliga, der in der ganzen Fußballwelt gefürchtete Bomber, zeigte Nerven. »Schieß du, ich hau' heut daneben!« rief er Günter Netzer zu. Der zögerte keinen Augenblick lang und legte sich den Ball auf dem Elfmeterpunkt zurecht. Sein Kontrahent war der in 69 Länderspielen erfahrene Gordon Banks, einer der ganz großen Torhüter. Netzer nahm Anlauf, Banks blieb wie angewurzelt auf der Linie stehen, um erst zu reagieren, wenn er Netzers Absicht erahnte. Der Ball sauste in die rechte Ecke. Banks warf sich blitzschnell in diese Richtung und erwischte tatsächlich den Ball mit den Fingerspitzen. Aber er war zu scharf geschlagen und rutschte Banks über die Hand ins Tor. Wenige Minuten vor dem Schlußpfiff erhöhte Gerd Müller dann noch zum 3 : 1. Was für ein Sieg!

Über Nacht schien Günter Netzer endlich den Rang in der Fußballwelt erobert zu haben, der ihm schon lange gebührte. Daß er ein Fußballgenie war, das wußte man in Deutschland, und sicherlich wußten das auch die Experten in aller Welt. Doch um in un-

2:1 für Deutschland: Netzers Elfmeter kann Banks nicht halten. Erster Sieg in Wembley

serer Branche zu den ganz Großen aufzurücken, muß man eine Fußballweltmeisterschaft mitgespielt haben.
Und genau das war das Manko in der Karriere von Günter. Dabei durfte er sich 1966 große Hoffnungen machen, ganz wie ich. Seit dem 26. September 1965 gehörte ich nämlich zu Helmut Schöns »Kreis«, nachdem wir bei meinem Debüt in Stockholm die Schweden besiegt hatten. Beim darauffolgenden Länderspiel, am 9. Oktober 1965 in Stuttgart gegen Österreich, feierte Günter dann seinen Einstand. Und was für einen! »Günter Netzer wurde zum Star des Nachmittags. Seine weiten und direkten Pässe rissen immer wieder die österreichische Deckung auf. In der ganzen Anlage, im Aufbau seines Spiels, ist er mit dem jungen Helmut Schön zu vergleichen.« Das stand nach dem Spiel im »Kicker«, und da ein ehemaliger Mannschaftskamerad von Schön, nämlich Hans Fiederer, diesen Vergleich wagte, war er besonders ernst zu nehmen. Mir ist diese Spielkritik, in der Netzer in einem Atemzug mit dem Spieler Schön genannt wurde, lange in Erinnerung geblieben. Vielleicht, so dachte ich dann bei den sich noch oft bietenden Gelegenheiten, lag in dieser Ähnlichkeit das Problem im Verhältnis zwischen Helmut Schön und Günter Netzer.
Günter Netzer, so las ich später in seinem Buch »Rebell am Ball«, habe in der Nationalelf immer sein letztes Spiel gespielt. Da war etwas dran. Gerade Helmut Schön verlangte stets sehr viel von Günter, weil er wußte, daß er viel geben konnte. Doch Günter war ein Künstler am Ball, voller Ideen und überraschender Einfälle, mit einem absolut sicheren Instinkt für kommende Spielzüge, mit einem un-

1965 vor dem Länderspiel gegen Zypern: kritischer Balltest in der Frankfurter Sportschule

glaublichen Verständnis für taktische Varianten.
Vor der Weltmeisterschaft 1966 in England jedenfalls schien Günter Netzers Karriere nach kurzer Dauer beendet zu sein. Er war zwar noch im Februar vor der WM in London dabei, als wir 0 : 1 gegen die Engländer verloren, aber seine damalige Leistung hatte Helmut Schön wohl nicht imponiert. Günter kam nicht ins Aufgebot der 22 Glücklichen, die zur WM reisen durften. Und auch vier Jahre später in Mexiko sah ich Günter nur als Zaungast. Er hatte sich vor der Weltmeisterschaft verletzt und verpaßte wieder die Gelegenheit, aller Welt zu zeigen, was für ein Spieler er ist.
Und das wiederholte sich vier Jahre später bei der WM in Deutschland. Günter spielte bei Real Madrid, war verletzt, hatte Konditionsprobleme, und längst hatte sich Wolfgang Overath die Rolle des Regisseurs gesichert. Erst als es schlecht um Deutschland stand, als wir in Hamburg gegen die DDR auf eine Niederlage zusteuerten, schickte Helmut Schön Günter ins Gefecht. Und damit gehörte er automatisch zu den Verlierern dieses Spiels. Wieder war eine Weltmeisterschaft für Günter Netzer vorbei, bevor sie richtig begonnen hatte.

Doch zurück ins Jahr 1972. Es war das Jahr des Günter Netzer. Nach dem Sieg von London und dem 0 : 0 im Rückspiel stand Deutschland im Halbfinale der Europameisterschaft. Zwischendurch hatten wir in München anläßlich der Einweihung des Olympiastadions die Sowjetunion mit 4 : 1 besiegt, und einige sprachen schon von einem deutschen »Wunderteam«.
Tatsächlich: Die von Helmut Schön geformte Elf schien von einer Perfektion und Spielfreude zu sein, wie man es früher den Ungarn und Österreichern nachsagte: ein nahezu unbezwingbarer Sepp Maier im Tor. Eine eiserne Verteidigung mit Horst Höttges und Paul Breitner, die zugleich offensiv werden konnte; Georg Schwarzenbeck an meiner Seite, zuverlässig, energisch, erfahren. Ein geradezu ideales Mittelfeld mit Netzer, Wimmer und Hoeneß. Und ein Paradesturm mit Gerd Müller, Jupp Heynckes und dem jungen Erwin Kremers.

Das Halbfinalspiel gegen die Belgier war ein hartes Stück Arbeit, und wie so oft, rettete uns Gerd Müller mit seinen beiden Toren. Das Finale gegen die Sowjetunion in Brüssel war dann wieder ein Fußballfest, ganz nach dem Geschmack der zu Zehntausenden angereisten deutschen Fußballfans. Es schien alles in unserer Mannschaft zu stimmen. Große Spielerpersönlichkeiten, die in keinem Schema erstarrt waren, junge, talentierte Burschen, und ein Trainer, der mit diesen gar nicht so einfachen »Stars« richtig umzugehen wußte. Zählt man das 5 : 1 gegen die Schweiz in Düsseldorf noch dazu, wo Günter Netzer nach dem Hackenzuspiel von Gerd Müller sein wohl schönstes Länderspieltor gelang, dann war 1972 vielleicht das Jahr, in dem Fußball am mei-

Netzers Spezialität waren neben seiner Spielkunst raffiniert angeschnittene Freistöße

Der Mann aus Mönchengladbach wurde oft als verkanntes Genie bezeichnet. Auf dem Platz und im Leben war er ein Individualist, der stets seinen Stil durchzusetzen versuchte

sten Spaß gemacht hat. Vielleicht haben wir später besser, überlegter, reifer gespielt, doch wohl nie mehr mit so viel Herz und Elan. Das war nicht zuletzt Günter Netzers Verdienst.

Von den Kritikern des heutigen Fußballs wird oft der Mangel an Persönlichkeit beklagt. Ich bin in meinem Urteil etwas vorsichtiger. Da ist immer schnell Nostalgie im Spiel. Es war nicht alles besser in früheren Zeiten. Im Gegenteil: Noch nie wurde so dynamisch, so athletisch gespielt, nie waren die Spieler besser durchtrainiert. Aber, und hier kann die Diskussion einsetzen, wollen die Zuschauer diese Form von perfektem Fußball denn überhaupt sehen? Sind es nicht die Schwächen, die Unzulänglichkeiten, die ein Spiel erst interessant machen? Der Mensch wird ja auch daran gemessen, wie er mit seinen Defiziten umgehen kann.

Im Trainingszeug der Nationalelf: Zu oft jedoch mußte Netzer wegen Verletzungen absagen

Die sechziger und siebziger Jahre waren tatsächlich reichlich gesegnet mit ungewöhnlichen Spielern, international genauso wie in der Bundesliga. Zu ihnen zähle ich Günter Netzer, auch Wolfgang Overath, Gerd Müller oder Sepp Maier – von Uwe Seeler ganz zu schweigen. Sie alle waren unverwechselbar. Ihre Talente entstammten keinem Lehrbuch. Ihre Originalität, ihre Improvisationskunst animierte die gesamte Mannschaft und ließ sie oft über ihre eigentlichen Verhältnisse spielen. Wie kaum ein anderer prägte Günter Netzer jahrelang das Spiel von Borussia Mönchengladbach. Und in dieser Rolle war er auch mein Konkurrent – und das nicht nur auf dem Fußballplatz.

Mit Günter Netzer kam plötzlich ein ganz neuer Typ von Spieler ins Rampenlicht. Er war, schon auf den ersten Blick, ein Außenseiter. Er ließ seine blonden Haare bis auf die Schultern wachsen. Keiner regte sich übrigens damals darüber auf, während man mir in München kaum verzeihen wollte, als ich mir mal einen Schnurrbart wachsen ließ. Günter fuhr natürlich nicht irgendein Auto, sondern einen Jaguar-Sportwagen. (Den er mir übrigens später verkaufte.) Er kleidete sich nach seiner Fasson, meist sah ich ihn in schwarzem Hemd und schwarzer Hose. Auf den ersten Blick wirkte er eher wie ein Popstar, wenn er die Hände in den Hosentaschen vergraben und immer etwas gelangweilt dreinschauend daherkam.

Auch im Kreis der Nationalmannschaft schloß sich Günter nicht der gängigen Meinung an, er beharrte auf seinen Urteilen, über die er jedoch stets zu diskutieren bereit war. Günter war Junggeselle – er blieb es ja bis ins Frühjahr 1987 – und fiel allein deshalb etwas aus dem Rahmen. Die meisten Spieler, ich ja auch, heirateten sehr jung. Vielleicht deshalb, weil wir in unserem Beruf einfach einen Ruhepunkt brauchen, eine Privatsphäre, die einen auch

Beim EM-Finale 1972 in Brüssel war Netzer gegen die UdSSR der Motor im Mittelfeld

vor zu viel Öffentlichkeit schützt. Günter war da anders, er schien ein Einzelgänger zu sein, und ich gebe zu, daß ich lange Zeit keinen richtigen persönlichen Draht zu ihm hatte. Er schien einfach zu introvertiert und tat so, als ob ihn außerhalb des Spielfeldes Fußball überhaupt nicht interessiere. Dabei wußte ich, daß er ein Fußballverrückter war, vor dessen Instinkten und Genie auch sein überaus kritischer Trainer Hennes Weisweiler stets größte Hochachtung hatte.

Günter Netzer war schon immer ein cleverer Geschäftsmann. Sein erlernter Beruf war schließlich Kaufmann, seine Eltern führten in Gladbach ein kleines Geschäft. Daß er sich damit nicht zufriedengeben konnte, war jedem klar. Günter gründete Versicherungs- und Werbeagenturen, eröffnete in Mönchengladbach eine Diskothek und ein Restaurant am besten Platz und legte sein Geld klug in Immobilien an. Ich glaube, er befehligte zeitweise ein Dutzend Mitarbeiter. Er war sein eigener Manager und PR-Mann.

Und natürlich war er der Kopf seiner Gladbacher Elf. Wenn er mit wehenden Haaren und langen Schritten über das Feld eilte, stets in Erwartung, daß ihn seine Mitspieler mit dem Ball bedienten, das war schon ein Teil seiner gekonnten Show. Günter war einfach nicht zu übersehen. Das bekam er auch von seinen Gegenspielern zu spüren, die ihn gnadenlos foulten. Oft waren das reine Verzweiflungstaten, denn Günter dirigierte das Spiel seiner Elf, er bestimmte das Tempo und den Rhythmus, und er war zudem noch ein gefährlicher Torschütze.

Die gemeinsame Arbeit auf dem Rasen brachte nicht immer die erwarteten Früchte: Gegen die Schweden gab es 1971 in Göteborg eine 0:1-Niederlage. Und das trotz intensiver Beratung vor dem Freistoß

Günter Netzer drückte Freuden und Leiden auf dem Platz stets mit Mimik und Gesten aus

Besonders bei Freistößen. Ich kenne keinen, der solche Situationen so zu zelebrieren vermochte wie er. Unendlich lange schien er sich eine geeignete Grasnarbe zu suchen, die ihm als Abschußrampe gut genug war. Da kniete er auf dem Rasen, die Haarmähne hing ihm ins Gesicht. Immer wieder drehte er den Ball mit den Händen, bis ihm die Lage paßte. Derweil war in der Abwehrmauer höchste Alarmstufe, denn jeder wußte, was jetzt drohte. Günter nahm immer nur ein paar Schritte Anlauf und schnitt dann mit seinen langen Füßen (Schuhgröße 47) den Ball wie eine Billardkugel an. Effektvoll und kaum zu berechnen flog dann die Kugel über die Köpfe der Abwehrreihe und über den Torwart hinweg ins Netz. Mit geschlossenen Augen und weit ausgebreiteten Armen pflegte Günter dann die Ovationen des Publikums und die Glückwünsche seiner Mannschaftskollegen entgegenzunehmen.

Günter Netzers Fußballstil elektrisierte die Fans. Sein vielleicht größtes Spiel blieb den Fernsehzuschauern leider verborgen. Es war das legendäre Europacupmatch gegen Inter Mailand. Der Verein und die zuständige Fernsehstation hatten sich nicht über die Übertragungsrechte und das entsprechende Honorar einigen können, und deshalb erlebten lediglich die 30 000 Zuschauer auf dem Gladbacher Böckelberg den größten Triumph von Netzers Elf und gleichzeitig die bitterste Stunde.

7 : 1 deklassierten die Gladbacher die Italiener. Günter Netzer hatte seine Mitspieler in einen Rausch getrieben. Doch der Büchsenwurf eines Zuschauers an den Kopf des Mailänder Mittelstürmers Boninsegna provozierte ein hartes Urteil des Europäischen Fußballverbands. Das Spiel wurde nachträglich annulliert. Bis zum heutigen Tage treffe ich Leute, die in jener Nacht Augenzeugen waren und jetzt noch, nach über 15 Jahren, glänzende Augen bei der Schilderung von Netzers Wundertaten bekommen.

Günter konnte Spiele entscheiden, zum Beispiel das dramatische Pokalfinale in Düsseldorf gegen den 1. FC Köln. Nach neunzig Minuten stand es 1 : 1, und Günter war von Trainer Weisweiler nach einer Meinungsverschiedenheit auf die Ersatzbank verbannt worden. Da hielt es ihn bis zur Verlängerung, dann wechselte er sich selbst ein. Und er war keine Minute auf dem Platz, da berührte er erstmals den Ball. Günter schickte ihn zu einem Mitspieler, stürmte in Richtung Tor und hämmerte den Rückpaß auf direktem Weg ins Kölner Netz. Das war der Sieg und vielleicht die größte Genugtuung seines Lebens. Er stritt sich damals mit seinem Trainer oft bis aufs Blut. Natürlich ging es dabei um Fußball, um Taktik. Weisweiler war ein Verfechter des bedingungslosen Offensivspiels, neunzig Minuten lang. Günter jedoch, kein Freund von allzuviel Laufarbeit, wollte es oft ruhiger angehen lassen. Es gab Ärger, wenn sich Kapitän und Trainer in diesen Dingen nicht einig wurden.

Beckenbauer und Netzer als HSV-Fans: der eine als Manager, der andere als der neue Starspieler

Damals hätten wir uns beide wohl nicht träumen lassen, daß Günter, den auch die Werbeindustrie längst als Attraktion entdeckt hatte, einmal mein Boß werden würde. Ich war 1979 bei Cosmos New York unter Vertrag und Günter Manager beim HSV. Er war überaus erfolgreich und hatte zudem mit Branko Zebec den besten aller Trainer zur Seite. Da kam Günter mit einem zuerst abenteuerlich wirkenden Angebot: »Komm zum HSV.« Er hatte mir diese Idee wie eine Laus in den Pelz gesetzt, als ich in Dortmund ein Weltelf-Spiel bestritt und wir danach noch bei einem Glas Wein zusammensaßen.
Kurz nach meiner Ankunft in New York wiederholten Günter und sein Präsident, Dr. Wolfgang Klein, ihr Angebot. Und es klang nicht schlecht, zumal die Hamburger mit BP einen starken Partner aus der Wirtschaft zur Seite hatten. Und so kam es, daß mir Günter auf meine alten Tage ein »Gnadenbrot« beim ruhmreichen HSV gewährte. Im Ernst: Hamburg war ein herrlicher Abschluß meiner Karriere, ich wurde noch einmal Deutscher Meister. Und daß ich mein Abschiedsspiel einmal im Volksparkstadion statt im Münchner Olympiastadion machen würde, hätte ich nie gedacht.
Günter Netzer ist mittlerweile aus dem Bundesligageschäft ausgestiegen. Ich finde das äußerst bedauerlich, denn wir können auf Leute seiner Autorität und seines Formats nicht verzichten. Günter Netzer, der mit Mönchengladbach und später bei Real Madrid seine Weltklasse bewiesen hatte, der sich auf jedem Parkett und in jeder Gesellschaft zu bewegen weiß, gehört in die Bundesliga.
Doch er lebt in der Schweiz, wo man ja, wie ich selbst weiß, phantastisch wohnen und arbeiten kann. Günter ist dort dem Sport verbunden geblieben, wenn auch jetzt als verantwortlicher Mann des Unternehmens C. W. Lüthi, das in allen Stadien der Welt die Werbebanden an die Industrie verkauft. Und da kreuzen sich unsere Wege. Wenn meine Nationalmannschaft gut spielt, sind die Einschaltquoten des Fernsehens hoch, und Günter hat zufriedene Kunden. So spielen wir also wie damals im Londoner Wembley-Stadion auch heute noch ab und zu »Ramba-Zamba«.

Johan Cruyff widerlegte die Ansicht, daß große Spieler nie gute Trainer werden. Der Holländer führte Ajax Amsterdam wieder an die Spitze

»Wir haben beide zu beweisen, daß wir auch auf der Trainerbank die Nummer eins sein können«

Johan Cruyff

Temperament zählte zu den Tugenden von Johan Cruyff. Mitspieler, Gegner und Schiedsrichter bekamen das oftmals sehr deutlich zu spüren

Unter den vielen Holländern in Kirchberg fiel Johan überhaupt nicht auf, als er kürzlich hier war. Niemand hat sich nach ihm umgedreht, denn Kirchberg ist im Sommer wie im Winter eine holländische Enklave. Dort, nicht weit von Kitzbühel und meinem Haus, verbringt jeder Niederländer seinen Urlaub. Diesen Eindruck jedenfalls kann man gewinnen, wenn man am späten Nachmittag durch den hübschen Ort schlendert.

Johan war mit der ganzen Familie da. Zum Skilaufen, zum Auftanken, und abends hatten wir genug Zeit zum Klönen. Bei einem Gläschen Champagner und einem guten Tiroler Tropfen. Wir saßen vor dem Kaminfeuer, und tausend Erinnerungen gingen uns durch den Kopf. Aber, ehrlich gesagt, Johan und ich schwelgen gar nicht so sehr in der Vergangenheit. Viel zuviel liegt noch vor uns, und wir sind in der Gegenwart, hier und jetzt, noch zu sehr beschäftigt, um nur alte Geschichten aufzuwärmen.

Es war nicht schwer, Johan den Weg zu erklären. »Immer der Straße nach, die an der Langlaufloipe entlangführt«, hatte ich ihm gesagt, »und wenn du irgendwann vormittags dort vorbeikommst, schau mal genau hin, vielleicht siehst du mich. Denn auf der Loipe lass' ich im Winter meinen Schweiß.«

Ich war froh, daß ich endlich Gelegenheit hatte, einmal wieder mit Johan zusammenzuhocken. Denn früher, bei den großen Spielen, bei Weltmeisterschaften, reichte es oft höchstens zum »Hallo« und »Wie geht's« und »Mach's gut«. Jeder ging seinen Weg, hatte seine Sorgen, hatte seine Ziele. Profisport ist ein kühles Geschäft.

Heute ist das etwas anderes. Johan ist Trainer, ich bin Trainer. Das heißt, er ist Technischer Direktor, und ich bin Teamchef. Aber der Parallelen sind noch mehr. Er hat Ajax übernommen, als die Mannschaft ziemlich am Boden lag. Ajax, die Mannschaft jenes Clubs, in dessen Trikot er gewaltige Erfolge erzielte. Und ich hatte mich überreden lassen, Teamchef unserer Nationalelf zu werden, als die auch ziemlich steil abgestürzt war. Damals, nach der Europameisterschaft 1984 in Frankreich, erwarteten die deutschen Fans von mir, was die Anhänger des berühm-

Mit ihm als Spielmacher wurde Ajax Amsterdam in den siebziger Jahren eine europäische Spitzenelf

ten Ajax von Johan erwarteten: Wir sollten die Erfolge der Vergangenheit beschwören.
Zuletzt hatten wir uns bei einem Länderspiel in Rotterdam gesehen. Wir standen im VIP-Raum. Johan mit der unvermeidlichen Zigarette zwischen Zeige- und Mittelfinger und wie ich mit einem sonderbaren unbehaglichen Gefühl. Jedenfalls sah ich ihm an, daß er empfand wie ich. Wir gehörten nicht hierher, unter die Funktionäre und die Edelfans, unter die VIPs und die Adabeis. Da hatte sich für Johan und für mich nichts geändert. Wir fühlten uns immer noch am wohlsten auf dem Rasen. Und wenn schon nicht mehr in der Mitte oder vor dem Tor, dann wenigstens an der Seite, auf der Bank.
Wir zogen uns in eine Ecke zurück, in den Schatten sozusagen. Johan informierte mich über die holländische Mannschaft. Mit einigem Stolz erklärte er mir, daß seine Leute, die Spieler von Ajax, das bestimmende Element der Mannschaft seien. Tatsächlich erkannte ich später im Spiel der Holländer die Handschrift von Johan Cruyff. Zumindest im Ansatz war der alte Ajax-Stil zu erkennen. Tempo, Angriff, das ganze Team ständig in Bewegung, den Gegner unter Druck setzen, nicht verschnaufen lassen – das waren die Prinzipien der großen Ajax-Elf gewesen. Und diese Prinzipien versuchte Cruyff wieder in die Tat umzusetzen.
Wenigstens die holländischen Zeitungen sahen die alten Zeiten wieder heraufziehen: Ajax spielt einen neuen Stil, wie zu Johan Cruyffs Zeiten. Und die Spieler von Ajax übertragen diesen Stil in die holländische Nationalelf. Auch wie zu Cruyffs Zeiten.

Für Johan war das ein Triumph. Denn als er die Arbeit bei Ajax übernommen hatte, wurde er von vielen Seiten angefeindet. Man hielt ihm vor, was man auch mir zu bedenken gab, als ich 1984 die Betreuung der Nationalelf übernahm: Wir haben keine Trainerlizenz. Und das ärgerte viele Funktionäre, vor allem aber auch viele »Kollegen«.
Johan freilich setzte sich energischer und heftiger zur Wehr als ich. Warum er eine Trainerschule besuchen solle, sehe er nicht ein, sagte Cruyff. Er habe genug erlebt in aller Welt, er besitze genug Erfahrung, und er habe genug Spiele gespielt, um nun selber eine Mannschaft betreuen zu können. Im übrigen halte er gar nichts von der theoretischen Trainerausbildung. Ein derartiges Studium sei ziemlich unergiebig. Der beste Beweis sei die Abwärtsentwicklung des holländischen Fußballs. Der nämlich ersticke in der Mittelmäßigkeit. Und die Pointe: Gute Spieler habe es auch in der jüngsten Vergangenheit gegeben. Die holländischen Trainer aber hätten nichts mit ihnen anzufangen gewußt. Sie verstünden es nämlich nicht, aus guten Spielern eine gut harmonisierende Mannschaft zu bilden.
Ehrlich, als ich dies las, hatte ich vor dem Trainer Johan Cruyff genauso große Achtung wie vor dem Fußballspieler. Johan sprach mir aus tiefstem Herzen. Und als wir dann in Kitzbühel zum erstenmal unsere Meinungen austauschten, stellten wir hundertprozentige Übereinstimmung fest. Wer kann denn mehr wissen über Fußball als Spieler wie wir, wie Johan und ich und die anderen, die diesem Spiel ihre ganze Jugend und ihr halbes Leben gewidmet haben?

Damals in Kitzbühel hat er mir seine Grundsätze erläutert und seine Ideen erklärt. Nicht alle, aber die wichtigsten. »Wir sind doch in einer idealen Position, Franz«, sagte er, »wir müssen diese Arbeit nicht tun, um unser Brot zu verdienen. Wir tun das aus Freude, aus Spaß und in dem Gefühl, daß wir noch etwas bewegen können. Ich will mein eigener Herr sein dabei, und ich bin mein eigener Herr. Mir kann niemand dreinreden.«

Johan kam ins Schwärmen, als er von seiner Arbeit, von seinen Zielen erzählte. »Auf dem ganzen Feld«, sagte er, »muß Bewegung sein. In jedem Teil der Mannschaft. Alle zehn Feldspieler müssen sich in jeder Sekunde zur Verfügung halten. Nach diesen Richtlinien arbeiten wir Tag für Tag. Deshalb gibt es für mich nichts Langweiligeres als trockenes Üben. Bei mir entspricht jedes Training zu hundert Prozent einem echten Spiel.«

»Und Technik«, fuhr er fort, »was ist das? Das sind tausenderlei verschiedene Dinge. Wichtige und solche, die unwichtig erscheinen. Aber nur alle zusammen, diese tausend Dinge alle miteinander, machen den technisch versierten Spieler aus.«

Auf dieser Linie diskutierten wir geradewegs auf die alte und ewig neue Frage zu: Wer ist der größte Spieler aller Zeiten, welcher ist der perfekteste? Was macht ihn aus?

»Daß er beidfüßig den Ball bearbeiten kann«, sagte Johan, »ist selbstverständlich. Und nicht nur den Ball behandeln, nein, er muß mit dem rechten wie mit dem linken Fuß hart und plaziert schießen können. Er muß den kurzen Paß und den langen Paß beherrschen. Den Doppelpaß und sämtliche Tricks, die irgendein Spieler irgendwann irgendwo auf der Welt angewandt hat. Er muß ein glänzender Kopfballspezialist sein und das Spiel und den Ball beherrschen, ohne hinzuschauen. Er muß alles erahnen, er muß den siebten Sinn besitzen.«

»Er muß ein Spiel lenken können«, fügte ich hinzu, »eine Abwehr organisieren, einen Angriff dirigieren. Er muß Tore schießen und bis zur Erschöpfung kämpfen können. Er muß die Kunst des Tempowechsels beherrschen und die Fähigkeit besitzen,

Beobachter auf der Bank: Wie Beckenbauer hat auch Cruyff keine Lizenz als Fußballtrainer

die taktischen Züge, die der Trainer zusammen mit dem Team entwickelte, auch unter hoher Belastung im Spiel umsetzen zu können.«

Der einzige, der dies alles beherrscht habe, meinte Johan vor dem flackernden Kamin, sei Alfredo di Stefano gewesen. Deshalb betrachte er den Argentinier, der Real Madrid fünfmal zum Sieg im Europacup der Landesmeister führte, als den besten, den größten Spieler aller Zeiten. Er stelle ihn noch über Pelé, denn di Stefano sei ohne Zweifel das kompletteste Allroundtalent gewesen, das jemals einen Ball getreten habe.

Einwände blockte Johan schon ab, ehe sie überhaupt geäußert werden konnten. Er selber, so fügte er nämlich schnell hinzu, habe Alfredo di Stefano nie erreichen können: »Denn mein Kopfballspiel war höchst durchschnittlich«, und diese Schwäche sei für ihn sehr oft von großem Nachteil gewesen.

Ich stimme ihm in allem zu. Mit zwei Ausnahmen: Den Mängeln in seinem Kopfballspiel habe ich nicht so viel Bedeutung beigemessen, und zweitens setze ich Johan an die Stelle von Alfredo di Stefano. Ihn, Cruyff, hielt ich stets für den perfektesten Spieler, den ich je gesehen hatte. Im Spiel ging von Johan Cruyff eine Ausstrahlung aus, die weder Alfredo di Stefano noch Bobby Charlton hatte.

Meinen Freund Pelé freilich möchte ich aus solchen Beurteilungen heraushalten. Denn Pelé ist nicht zu

Holland war Favorit im WM-Finale 1974. Cruyff und seine Elf hatten in allen Spielen geglänzt. Doch dann steigerten sich die Deutschen. Beckenbauer, Hoeneß und Overath störten die Kreise von Cruyff

vergleichen mit Cruyff und auch nicht mit Alfredo di Stefano oder Bobby Charlton. Er ist, auch heute noch, ein Mensch, ein Spieler, ein Star außerhalb jeglicher Kategorisierung, er paßt in kein Schema. Pelé steht über allen. Natürlich ist er kein Mannschaftsspieler, kein mannschaftsdienlicher Spieler, wie es Alfredo di Stefano gewesen ist.

Pelé war nie, wie der große Argentinier, König und Kuli in seiner Mannschaft. Pelé auf dem Rasen – das war, ich meine dies im besten Sinne, ein Individualist. Wie die großen Schauspieler einem Ensemble Profil und Glanz verleihen, so konnte Pelé eine Mannschaft auf einsame Höhe heben.

Er konnte durch seine Kunstfertigkeit oder seine Geistesblitze ein Spiel alleine entscheiden. Es geschah aber auch, daß er zum Sieg seiner Mannschaft ganz wenig oder gar nichts beitrug. Ich meine ganz einfach, Pelé war ein Naturereignis.

Es war ein Vergnügen, mit Johan Cruyff über solche Dinge zu diskutieren. An den Abenden in meinem Haus in Kitzbühel bewunderte ich sein Temperament, so, wie ich es bewundert hatte, als wir uns noch auf dem Rasen begegnet waren. Wirklich, Johan kann sich in eine Sache hineinknien, kann seine Meinung vehement verfechten und geschickt argumentieren. Wenn er eine Sache tut, dann tut er sie ganz und bedingungslos. Wir erinnerten uns an das WM-Finale 1974 in München, als ihm die Bewachung durch Berti Vogts auf die Nerven ging, als er sich mit allen Fasern seines Körpers gegen die Niederlage stemmte und dabei ebenso hingebungsvoll mit dem Schiedsrichter diskutierte, wie er auf dem Rasen kämpfte.

Heute ist er im Grunde nicht anders. Es täuscht, wenn er während der Spiele von Ajax Amsterdam ganz ruhig auf der Trainerbank sitzt, an seiner Zigarette zieht wie Ernst Happel, wenn er zwar konzentriert, aber scheinbar unbeteiligt zuschaut. Innerlich kocht der kühle Holländer. Er gibt sich hin mit Haut und Haar.

Deshalb amüsierte es mich, als ich las, nach dem 1 : 0-Sieg über Lok Leipzig in Athen, nach dem Gewinn des Europapokals der Pokalsieger, sei der vierzigjährige Johan Cruyff still auf der Bank sitzengeblieben. Dann sei er aufgestanden und ganz langsam hinüber zur Kabine gegangen. Ich kenne diese Sekunden, diese Minuten. Wahrscheinlich hätte Johan am liebsten laut gebrüllt, riesige Sprünge gemacht, den Pokal umarmt und alle, die diesen silbernen Pott für ihn, Johan Cruyff, gewonnen hatten. Aber all das hätte nicht gereicht, seine Freude auszudrücken, und deshalb tat er nichts dergleichen und ging einfach langsam weg.

Zehn Jahre nach München: die beiden Kapitäne bei der Revanche, die Holland 1:0 gewinnt

Ich war glücklich an diesem WM-Abend, daß Johan den Cup gewonnen hatte. Ich hatte ihm diesen Erfolg gegönnt, von ganzem Herzen. Wahrscheinlich hing meine Anteilnahme damit zusammen, daß ich mich so oft in derselben Lage befunden hatte wie er. Er und ich, beide einst die Nummer eins auf dem Rasen, haben zu beweisen, daß wir auch auf der Trainerbank die Nummer eins sein können.

Natürlich hatten sie auch Johan Cruyff gefragt, was er von der immer wieder zitierten und so oft zutreffenden Binsenweisheit halte, wonach ein großer Spieler sehr selten auch ein großer Trainer werde. Ja, es gibt wenige berühmte Spieler, die erfolgreiche Trainer geworden sind. Aber die Frage, warum das so ist, muß ich mit einer Gegenfrage beantworten: Wer von den berühmten Spielern hat denn versucht, Trainer zu sein? Wolfgang Overath oder Bobby Charlton etwa? Oder Eusébio oder auch Pelé? Günter Netzer und Uli Hoeneß versuchten ihr Glück immerhin als Manager, und sicher haben sie dabei das Glück auch gefunden. Stanly Matthews ist nur eine Zeitlang Berater gewesen, und Gianni Rivera war Vizepräsident von AC Mailand. Aber sonst? Auf die Trainerbank haben sich nicht viele getraut, weil die Bank in der Tat ein Schleudersitz ist.

Aber es gibt Gegenbeispiele genug. Beweise, daß gute Spieler auch gute Trainer geworden sind. Und dabei muß ich gar nicht von Johan Cruyff reden und von mir gewiß auch nicht. Alfredo di Stefano etwa ist mit Real Madrid Spanischer Meister geworden. Gut, er hat den Europacup nicht gewonnen mit den Madrilenen, aber Meister in Spanien, das ist auch nicht schlecht. Branko Zebec ist ein großer Spieler gewesen und ein großer Trainer. Das gleiche gilt für Ernst Happel. Und Guyla Lorant war immerhin der Stopper jener ungarischen Mannschaft, die 1954 in der Schweiz im Finale der Weltmeisterschaft stand und gegen die Deutschen 2 : 3 verlor.

Ich hatte den Einwand schon erwartet, als Johan und ich an diesem Abend den Kreis der erfolgreichen Kollegen durchgingen. »Und was ist mit Udo, was ist mit Lattek?« hatte er gefragt, und ich mußte lachen. »Lattek?« fragte ich zurück. »Wie das mit Lattek war, kann ich dir erzählen. Udo Lattek hat bei uns, bei den Bayern, viel gelernt. Er arbeitete damals, ehe er zu uns kam, beim Deutschen Fußballbund, war dort der dritte Mann. Ich hatte ihn als DFB-Trainer kennengelernt und einen guten Eindruck von ihm gewonnen. Und als unser Präsident Wilhelm Neudecker mit dem Trainer Branko Zebec nicht mehr zusammenarbeiten mochte, ging ich zu Udo und habe ihn gefragt: ›Na, wie ist's, hast du keine Lust, zu uns zu kommen?‹ Er hat ein bißchen gezögert, denn ein Wagnis war das schon. Er als junger Mann mit wenig Erfahrung gleich zu den Bayern, die damals schon zu den führenden Mannschaften des deutschen und internationalen Fußballs gehörten. Er kam und hat sich gleich gut hineingefunden. Aber wenn ich heute sage, wir, die Mannschaft des FC Bayern, hätten ihn ausgebildet, ist das gewiß nicht falsch. Wir hatten nämlich von Branko Zebec unendlich viel gelernt, und das haben wir an Udo weitergegeben.«

Aber natürlich ist auch Udo Lattek, das hatten wir hier in unseren Gesprächen herausgefunden, ein Beweis für die Theorie, daß es im Grunde völlig gleichgültig ist, wo und wie einer lernt. Ob er als junger Trainer bei großen Mannschaften in die Schule geht oder als Spieler über Jahrzehnte hinweg in Hunderttausenden von Szenen auf dem Spielfeld erlernt oder erfährt, wie Fußball richtig gespielt wird. Gelernt wird in der Praxis, das ist mein Standpunkt, hart am Ball sozusagen. Und so sieht es auch, das hat er mir gesagt, Johan Cruyff.

Johan gehört zu den Nimmermüden, die auch noch die Spiele der Jugendmannschaften seines Clubs besuchen. Dort hat er mittlerweile schon ein paar Jungs entdeckt, von denen ich, so versprach er mir, noch viel hören werde. Ja, ich höre schon die Einwände im Falle Cruyff, die ich auch stets hören mußte: Der alte Cruyff ist auf der Suche nach einem neuen, einem zweiten Cruyff. Genau wie der alte Beckenbauer auf der Suche nach einem neuen Beckenbauer ist. Denn die alten, so glauben die Leute, wollen sich noch einmal in jungen Spielern wiederfinden, denen sie alles geben können, was sie dort selber groß gemacht hat.

Vielleicht wollen wir das auch in unserem Innersten. Aber wir tun es nicht gezielt, nicht vorsätzlich. Johan Cruyff nicht und ich auch nicht. Aber Johan tut sich bei seinem Rückgriff auf die Vergangenheit leichter als ich. Wenn er heute seiner Ajax-Elf beibringt, so zu spielen wie die Ajax-Mannschaft der frühen siebziger Jahre, dann lehrt er eine Art von Spiel, das schon damals nicht ohne Grund »Fußball aus dem Jahr 2000« genannt wurde. Ich meine, die Ajax-Mannschaft des Johan Cruyff war ihrer Zeit voraus, und deshalb ist es heute noch modern, genauso zu spielen.

Was mich betrifft und den Liberopart, wie ich ihn damals verstand, ist das etwas ganz anderes. Ich konnte offensiv sein. Ich konnte mit dem Ball am Fuß fünfzig oder sechzig Meter laufen. Niemand hielt mich auf, weil jeder Gegner »seinen Mann« zu beschirmen hatte. Heute, wo jede Mannschaft Raumdeckung betreibt, das heißt alle paar Meter ein Gegner steht, könnte ich diese Märsche durchs Mittelfeld gar nicht mehr unternehmen. Ich käme bei diesen Läufen nicht weit, würde am dritten, spätestens am vierten Mann hängenbleiben.
Deshalb bin ich sicher: Heute würde ich im Mittelfeld spielen. Hier hätte ich die Freiheit, die ich für mein Spiel brauche. Taktisch gesehen habe ich damals die Schwachstellen in der Manndeckung ausgenutzt. Heute aber ist es das taktische Bestreben, die Schwachstellen der Raumdeckung zu finden und daraus Vorteil zu ziehen.
Solche Gedanken über taktische Strategien mußten uns automatisch zum Finale von München führen. Denn dort trafen die beiden Spielweisen aufeinander. Die Holländer pflegten grundsätzlich die Raumdeckung, und wir wandten die Manndeckung an.
Sicher, ich verstehe die Kritiker der Manndeckung. Sie ist in gewisser Weise zerstörerisch, zumindest muß der Mann, der einen Gegner zu bewachen hat, seine Aufgabe in erster Linie darin sehen, diesen Gegner in seiner Entfaltung zu hemmen. Erst in zweiter Linie kann er kreativ, produktiv ins Spiel der eigenen Mannschaft eingreifen. Wenn du aber ein WM-Finale gewinnen willst und der Gegner hat Spieler vom Format des Johan Cruyff oder des Diego Maradona, was kannst du dann tun? Du mußt diese Leute beschatten, sonst killen sie dich. Du darfst ihnen nicht den Raum lassen, den sie brauchen, um ihre spielerische Kunst, ihre Ideen zu entfalten.
Man mag mir glauben oder nicht, aber es ist wahr: Es tut mir in der Seele weh, wenn ich zu entscheiden habe (wie 1986 in Mexiko) oder wenn ich zu befürworten habe (wie 1974 in München), daß der Spielmacher des Gegners in Manndeckung zu nehmen ist. In solchen Situationen habe ich zwei Seelen in meiner Brust. Die eine gehört dem Spieler oder Teamchef Franz Beckenbauer, der den Erfolg sucht, der das Spiel gewinnen will. Die andere gehört dem Fußballiebhaber Beckenbauer, der sich an der Kunst von Bobby Charlton oder Johan Cruyff oder Diego Maradona ebenso ergötzen konnte und ergötzen kann wie jeder Fan auf der Tribüne.
Aber in Fällen, wie ich sie hier angeführt habe, heiligt der Zweck die Mittel. Deshalb hatte ich 1966 im Finale von Wembley kein schlechtes Gewissen, als ich mich an die Fersen von Bobby Charlton heftete. Und ich hatte auch 1970 in Mexiko kein schlechtes Gewissen, als ich wieder direkt gegen Bobby Charlton spielte und wir die Engländer nicht zuletzt deshalb aus dem Rennen warfen. Und ich hatte 1986 als Teamchef in Mexiko kein schlechtes Gewissen, als ich Lothar Matthäus auf Diego Maradona ansetzte. Durfte ich das Risiko eingehen, daß Diego mit uns anstellen würde, was er mit den Belgiern und den Engländern gemacht hatte? Nein, in einem solchen Fall muß der Trainer seinem Instinkt und seiner Überzeugung folgen. Und die verlangen, was mich betrifft, die Maradonas und die Cruyffs zu beschatten, ihnen den Raum auf dem Spielfeld so eng wie möglich zu machen.
So sind wir damals in München mit Johan verfahren. Dabei hatten wir unsere Strategie während des Spiels modifiziert. Wir hatten diese Taktik vor dem Finale im Trainingsspiel getestet. Dabei mimte Günter Netzer den holländischen Spielmacher Johan Cruyff, und Berti Vogts übte sich in der Bewachung des gegnerischen Regisseurs. Wir waren dabei zu der Überzeugung gekommen, es sei das beste, wenn Berti den heranstürmenden Cruyff an der Mittellinie erwartete.
Im Spiel jedoch mußten wir erkennen: So war den Holländern, so war Cruyff nicht beizukommen. Denn er drang stets in hohem Tempo in unsere Hälfte ein und hatte dann kaum Schwierigkeiten, den im Grunde unüberwindlichen Berti zu überlaufen. Schon nach den ersten Szenen änderten wir unsere Einstellung. Blitzartig stimmte sich Berti Vogts mit Helmut Schön ab, und fortan ging er auf Tuchfühlung mit Cruyff, ließ ihm keinen Meter

Sepp Maier rettet vor Johan Cruyff im Münchner Olympiastadion, Beckenbauer braucht nicht mehr einzugreifen. 80 000 Zuschauer atmen erleichtert auf

Entspannt geht Johan Cruyff mit seinen Spielern von Ajax hinaus ins Stadion. Offiziell ist der einstige Superstar Technischer Direktor seines Clubs

Raum. Weil Berti seine Aufgabe glänzend erfüllte, war die Grundlage für unseren Erfolg gelegt. Wir nahmen Cruyff, was er zum Spielen brauchte wie die Luft zum Atmen, wir nahmen ihm die Freiheit.

In unseren Kitzbüheler Plauderstunden streiften wir dieses Thema nur. Was sollten wir noch viel darüber reden? Sicher gehört dieses Finale von München für Johan zu jenen Spielen, an die er sich nicht so gerne erinnert, weil er es gewinnen wollte um jeden Preis. Und was würde es ihm helfen, wenn ich ihm heute erzählen würde, daß wir dieses Spiel gewannen, weil wir es gewinnen mußten. Weil es für uns gar nichts anderes gab als diesen Sieg. Weil wir vermeiden wollten, öffentlich ausgelacht zu werden. Denn wir galten nicht nur in Deutschland, wir galten in aller Welt als die großen Favoriten. Wir spielten zu Hause, wir hatten unser Publikum im Rücken, wir hatten tatsächlich eine großartige Mannschaft, die nach einem schwachen Start das innere Gleichgewicht gefunden hatte. Wirklich, es gab nichts anderes als den Sieg. Und den hatten wir am Ende auch verdient, weil der ungeheure Druck, der auf uns lastete, keineswegs anspornte, sondern nur hemmte. Wir hatten deshalb außer der spielerischen und kämpferischen zuallererst eine psychologische Leistung zu vollbringen, die Leistung nämlich, uns den Kopf frei zu machen von allen störenden Gedanken.

Im übrigen hatten wir mehr zu schuften als die Holländer, denn die setzten uns vor allem in der Schlußphase des Spiels mit ihrem Tempo und mit ihrer Strategie, in der Hälfte des Gegners jeden Quadratmeter Boden abzuschirmen, ganz gewaltig unter Druck. In diesem Finale von München standen sich zwei absolute Weltklasseteams gegenüber, die einander auf sehr unterschiedliche Weise ebenbürtig waren. Die Holländer hatten in Johan ihre überragende Leitfigur, doch die übrigen zehn erschienen als Einheit, die in erster Linie von ihrer Harmonie, von ihrem Teamwork lebte. Wir aber hatten in Wolfgang Overath und Gerd Müller, aber auch in Torwart Sepp Maier einzelne Spieler, die deutlich herausragten und auch als Einzelfiguren Weltklasse besaßen.

Star und Chef von Ajax und später vom FC Barcelona: Johan Cruyff, der Dirigent

Ich habe damals schon Johans Disziplin bewundert. Heute bewundere ich sie noch mehr. Denn heute weiß ich, wieviel Temperament in ihm steckt. Wir haben uns inzwischen häufig getroffen, wir haben viel miteinander geredet, ich habe ihn beobachtet. 1978 und 1979, als ich bei Cosmos in New York spielte, ist er etliche Male herübergekommen und hat Gastspiele bei uns gemacht. In dieser Zeit habe ich ihn kennen- und schätzengelernt. Damals in München hat ihm Berti Vogts ungemein zugesetzt, aber Johan ist nur ein bißchen nervös geworden, er ist nur ein bißchen aus der Haut gefahren, wo andere mit gleichem Temperament gewiß ganz anders reagiert hätten.

Grundsätze und Prinzipien, das glaube ich, haben Johans Leben bestimmt und bestimmen es noch heute. Ganz sicher sind sie die Grundlagen seines Erfolgs gewesen, obwohl er oft als ein Mensch erscheinen mag, der in erster Linie seinen Gefühlen folgt. Johans Einstellung zum Leben wird am besten an den kleinen Dingen deutlich. Zum Beispiel kenne ich kaum jemanden, der, was Essen und Trinken angeht, so diszipliniert lebt wie Johan. Und daß er raucht, stark raucht, gehört wahrscheinlich zu jenen Freiheiten, die sich selbst der Spartaner als Flucht aus dem eigenen Ich erlaubt.

Wie stark und wie stur Johan sein kann, war in seiner Auseinandersetzung mit Hennes Weisweiler zu erkennen, als die beiden beim FC Barcelona arbeiteten. Ich habe geahnt, daß dies nicht gutgehen konnte, denn ich kannte Johan schon ein bißchen, und ich kannte Hennes schon sehr gut. Wenn zwei so starke Charaktere aufeinandertreffen, muß es krachen. Und ich glaube, niemand widerspricht mir,

Begegnungen zweier Spielmacher: 1972 im Viertelfinale des Europacups der Meister und 1984 beim Jubiläumsspiel in Köln

wenn ich behaupte, daß es in unserer Branche noch nie zwei Männer gegeben hat, die so viel Kraft, so viel Personality besaßen wie der holländische und der rheinische Dickkopf.

Bei Weisweiler kam hinzu, daß er sich mit den Spitzenspielern seines Teams nie richtig verstanden hat. Vielleicht hat er in vielen Fällen mehr erwartet, als sie geben konnten oder zu geben bereit waren. Und Hennes beharrte auf seinem Standpunkt. Immer wieder bestätigte der Erfolg die Richtigkeit seiner Haltung. Und deshalb bestand er auch darauf, daß Johan Cruyff nicht nur in den Heimspielen, sondern auch auswärts als Angriffsspitze zu operieren habe. Johan aber war Taktiker, im Stadion des Gegners mochte er nicht grundlos die eigene Abwehr öffnen. Und von dieser Einstellung ließ er sich nicht abbringen. Wie gesagt, Johan und Hennes, das konnte nicht gutgehen. Aber ich meine, gerade unsere Branche braucht Männer, die den Versuch nicht scheuen, mit dem Kopf durch die Wand zu gehen.

Natürlich, auch ich habe gelernt, daß der Weg zu einem Ziel auf gewissen Abschnitten mit Kompromissen gepflastert ist. Um so mehr schätze ich Kollegen wie Johan, Freunde wie Johan, die keinen Millimeter zurückweichen.

Ja, wir sind Freunde geworden. Und das ist, meine ich, bemerkenswert. Denn wir sind nicht aus demselben Holz geschnitzt. Wir waren Konkurrenten, und zwar Konkurrenten in exponierter Position. Wir waren Gegner im Finale in München. Der eine war des anderen Nachfolger, denn nach den drei Europacup-Siegen von Ajax Amsterdam brach die Zeit des FC Bayern an. Es gab also sehr vieles, das uns in unterschiedliche Positionen stellte. Und nun sind wir Freunde geworden, weil wir das gleiche tun und eigentlich immer getan haben.

Auch die Liebe für die Berge teilen wir mittlerweile, und Johan ist, das muß ich sagen, ein sehr respektabler Skiläufer. Als solchem erging es ihm bei seinem Besuch in Kitzbühel freilich wie 1974 beim Finale in München. Auf der gefährlichen Streif, der schnellsten aller Skipisten, hatte ich Heimvorteil, und ich war wieder so frei, ihn zu nutzen.

Uwe Seeler hat in sein Norderstedter Haus eingeladen

»Wir haben 26mal zusammen gespielt: im Trikot der Nationalmannschaft«

Uwe Seeler

Uwe geht zur Sache: 1967 besiegten die Bayern den Hamburger SV im Pokalfinale mit 4:0

Eigentlich hatte ich ja erwartet, daß Uwe in seiner »Hirschledernen« bei mir in Kitzbühel erscheint. Schließlich ist er, wie ich, Mitglied der »Schneeforscher e. V.«, sogar ihr Präsident. Und jeder der 15 Schneeforscher hat zu Hause im Schrank eine zünftige Bundhose aus Leder, Haferlschuhe, Wadenstrümpfe und einen Tiroler Trachtenjanker.
Von der Existenz der »Schneeforscher« weiß nur ein kleiner Kreis besonders gut informierter Menschen. Der Verein wurde vor fünf Jahren zum »Zwecke des Frohsinns in allen Lagen und bei jedem Wetter« gegründet. Die 15 Mitglieder treffen sich einmal im Jahr zum Skifahren und anderen Vergnügungen und fühlen sich für den Rest der Zeit eben herzlich verbunden.
Zu den 15 gehören zum Beispiel die ehemaligen Nationalspieler Luggi Müller (Schatzmeister) und Max Lorenz (Vergnügungswart), der Rallye-Weltmeister Walter Röhrl (Chef des Fuhrparks) und Zehnkampf-Olympiasieger Willi Holdorf, unser oberster Gourmet. Bundesligatrainer Erich Ribbeck ist Zeremonienmeister. Ich stehe im Rang eines Botschafters. Jupp Derwall ist vor längerer Zeit ausgeschieden.
Uwe kam also in Zivil. Erstens, so meinte er, gäbe es für Schneeforscher an einem so warmen Maitag nichts zu forschen. Zweitens sollten wir über das ernste Thema Fußball reden. Und drittens hätte ich ihn in Hamburg ja auch nicht im Matrosenanzug besucht.
Im Februar, nach einem Bundesligaspiel, hatte mich Uwe zu Hause zum »Käffchen« eingeladen. Und ich bestand auf einem »Rückspiel«.
Zu Pelé, Jaschin, Bobby Charlton, Rivera und Eusébio war ich bis nach Santos, Moskau, Manchester, Mailand und Lissabon gereist. Zum Abschluß dieser Wiedersehenstour zu alten Freunden genoß ich nun einmal das Heimrecht.
Wer wäre mir da herzlicher willkommen als Uwe! Wir kennen uns jetzt schon seit 22 Jahren. Wir haben gegeneinander gespielt, er für den HSV, ich für Bayern München. In der Bundesliga und in einem Pokalfinale. Das war 1967 in Stuttgart. Wir Bayern gewannen seinerzeit mit 4 : 0 Toren.
Und wir haben zusammen gespielt: 26mal im Trikot der Nationalelf. Zwischen 1965 und 1970 verloren wir von diesen Spielen nur drei: das WM-Finale 1966 gegen England, das Halbfinale 1970 in Mexiko gegen Italien, ein Freundschaftspiel gegen Rumänien.
»Ich darf gar nicht daran denken«, sagt Uwe, »Mexiko 1970, das ist ja schon wieder 17 Jahre her.«
Nach dem Mittagessen machen wir einen kleinen Spaziergang. »Eure Bergluft, Franz, das ist ja schon was Herrliches.« Meine Diana hatte uns ein feines Kalbsgeschnetzeltes mit grünen Nudeln gekocht, und nach Kaffee und Käsekuchen tut ein kleiner Marsch zum Schwarzsee gut. Wir wohnen nun schon seit 1981 hier in Kitzbühel. Ich kann mir keinen schöneren und idealeren Platz denken. Vor allem, wenn man wie ich neben dem Fußball als Leidenschaft zwei Hobbys hat – Golfspielen und Skifahren. Und wenn man gern unter Freunden ist, die sportlich und unternehmungslustig sind und die einen doch in Ruhe lassen, wenn man mal allein sein will.
»Mach doch mal mit Ilka einen richtigen Urlaub bei mir«, sage ich zu Uwe.
»Wär ja schön, aber ich komme kaum dazu, in mein eigenes Bauernhaus an der Ostsee zu fahren. Für mich hat das Jahr mindestens hundert Tage zuwenig.«

Uwe ist mittlerweile fünfzig. Als ich ihn kennenlernte, war er schon ein berühmter Fußballer, ein Idol. Und ich war halt ein junges Talent, gerade 19 Jahre alt. Ich spielte mit dem FC Bayern noch in der Regionalliga, als ich im Herbst 1964 eine Einladung zu einem Lehrgang der Nationalelf nach Duisburg erhielt.
Uwe war der Chef, das wurde mir damals sofort klar. Bei den Trainingsspielen gab er den Ton an, und zwar so, daß es keiner überhören konnte. Manche nannten ihn einen »Meckerer«, wenn er ständig unzufrieden die Aktionen seiner Nebenleute kommentierte, die Leute antrieb, dirigierte, zurechtwies. Doch in dem Augenblick, wo der Ball in seine Nähe kam, kannte er nur noch eins: »Der Ball muß rein,

1965 begann die internationale Karriere von Beckenbauer. Helmut Schön holte ihn für das WM-Qualifikationsspiel gegen Schweden

In seinen 72 Länderspielen war Uwe Seeler zwischen 1954 und 1970 stets ein Vorbild. Viele seiner 43 Tore sind Legende

egal, wie.« Das waren stets seine Worte.
Er hat sich damals um mich, den Herrn Niemand aus München, genauso kameradschaftlich gekümmert wie um die anderen jungen Spieler, die der Bundestrainer Helmut Schön auf ihre Tauglichkeit für die Nationalmannschaft testete. Uwe war der Star, aber das hat ihn nie beeindruckt. Mir wurde später oft vorgeworfen, meine Spielweise sei arrogant, und meine Handbewegungen, mit denen ich meinen Unmut über meine Nebenleute oder die Enttäuschung nach mißglückten Aktionen zum Ausdruck brachte, seien ein Beweis meiner Hochnäsigkeit. Mir haben solche Bemerkungen immer weh getan, ich fühlte mich ungerecht beurteilt. Heute weiß ich, daß die Leute doch ein sehr feines Gespür haben für das, was eine Persönlichkeit auf dem Spielfeld ausmacht. Vielleicht habe ich die Nase zu hoch getragen, vielleicht fiel mir tatsächlich vieles zu leicht, hat mich mein Talent — das ich nur dem lieben Herrgott verdanke — hie und da auch etwas überheblich gemacht.
Uwe war nie in solcher Gefahr. »Einen Charakterriesen« nannte ihn 1970 in Mexiko ausgerechnet der Augsburger Helmut Haller, obwohl ihn nach seinem schwachen Spiel gegen Marokko der Uwe vernichtend kritisiert und so dazu beigetragen hatte, daß für ihn die Weltmeisterschaft vorbei war. Aber Haller war fair genug, Uwes deutliche Worte hinzunehmen. Wer kämpft wie Uwe, sich abrackert, für die Mannschaft aufopfert und noch Tore schießt, der hatte nach Hallers Meinung auch das Recht, andere zu kritisieren.

So einen wie Uwe hätte ich gern in der Nationalelf. Dieser Mann war immer gut für ein Kabinettstückchen. Geradezu legendär ist das Tor, das er 1970 bei 40 Grad im Schatten im Stadion von León mit dem Hinterkopf erzielte. Dadurch erreichten die Deutschen in diesem Viertelfinale gegen England den 2 : 2-Ausgleich und siegten schließlich 3 : 2 in der Verlängerung. Uwe war immerhin schon 33 Jahre alt. Er machte sein viertes Weltmeisterschaftsturnier, ein einmaliger Rekord für einen deutschen Nationalspieler.
1958 in Schweden und 1962 in Chile war er zum Inbegriff des Torjägers geworden. Mein Mannschaftskamerad Gerd Müller vom FC Bayern München, Uwes Nachfolger in der Nationalelf, trickste auf engstem Raum seine Gegenspieler aus, wackelte mit dem Hintern und stocherte den Ball ins Tor. Er schoß die »kleinen Tore«, Uwe jedoch machte die »großen«.

Kopfbälle waren seine Spezialität. Wie ein Torpedo hechtete er in die Schußbahn, wenn es sein mußte, auch knapp über der Grasnarbe. Mit seinen Fallrückziehern riß er die Zuschauer von den Sitzen. Seine Sprungkraft überraschte oft genug die besten Torhüter der Welt, auch wenn sie Uwe um Haupteslänge überragten. Keiner sprang so exakt im richtigen Moment dem Ball entgegen, keiner hatte ein besseres »Timing«.
»Alles Übungssache«, wehrt Uwe heute noch meine Komplimente ab. Obwohl er von seinem Vater, »Old Erwin«, dem ehemaligen Auswahlspieler, viel Talent geerbt hatte, machte erst seine unglaubliche Willenskraft einen Weltklassespieler aus ihm. Kein anderer hätte es geschafft, sechs Monate nach dem Riß seiner Achillessehne in einem Qualifikationsspiel zur Weltmeisterschaft das entscheidende Tor zu schießen. Doch so war es 1965 gewesen, beim 2 : 1 gegen die Schweden in Stockholm. Es war zugleich mein erstes Länderspiel.
»Uns Uwe« — was für ein Kompliment lag in diesen beiden Worten. Wenn Uwe die Ärmel aufkrempelte und sein Schritt noch wiegender wurde, wie der eines Seebären, dann spürte jeder im Stadion: Jetzt arbeitet Uwe Fußball. Vielleicht ist es gar nicht so abwegig, wenn jemand behauptet, daß die Kapitäne der deutschen Fußballnationalmannschaft stets auch ein bißchen den jeweiligen Zeitgeist repräsentieren. Wenn Fritz Walter, der nervöse, sensible, bescheidene Kapitän unserer WM-Mannschaft von 1954, ein typischer Vertreter der Kriegsgeneration war, dann war Uwe, der Rackerer, Kämpfer, Arbeiter, eine Symbolfigur in den fünfziger und sechziger Jahren, als es mit Fleiß und Können wieder aufwärts ging in Deutschland.

Und ich, den irgendwann mal jemand den »Kaiser« genannt hatte, wofür stand ich? Für die siebziger Jahre, als das Wirtschaftswunder längst Alltag war? Als wir uns schon wieder ganz oben fühlten und sich eine gewisse Sorglosigkeit breitmachte? Als viele dachten, es würde immer so weitergehen?

»Uwe, hast du eigentlich nie bereut, daß du 1961 das Angebot von Inter Mailand ausgeschlagen hast und in Hamburg geblieben bist?«

Uwe geht ein paar Schritte, bevor er antwortet. Unvorstellbares für deutsche Verhältnisse hatte sich damals ereignet. Helenio Herrera, der weltberühmte Erfolgstrainer von Inter Mailand, den man auch »Sklaventreiber« nannte, war nach Hamburg gereist und hatte Uwe für einen Dreijahresvertrag eine Million Mark plus Monatsgehälter geboten. Der Hamburger Theologe Professor Thielicke forderte Uwe in einem offenen Brief auf, das Angebot abzulehnen: »Wenn Sie dieser Versuchung widerstehen, dann wäre das ein leuchtendes Fanal ...« Uwe widerstand.

»Eine Million, weißt du, wieviel Geld das 1961 war? Ich habe damals beim HSV offiziell 500 Mark verdient. Dazu kam dann noch die eine oder andere Mark, aber auf mehr als 2000 im Monat habe ich es nie gebracht. Und dann kommt Inter und bietet eine Million. Und nach drei Jahren hätten sie mich ohne Ablöseforderung wieder zurück nach Deutschland gelassen. Ein unglaubliches Angebot. Ich habe ein paar Tage überlegt und dann abgelehnt. Ich bin nun mal nicht der Mensch, der sagt, mir ist alles einerlei, wenn nur das Geld stimmt. Heute weiß ich, daß alles, was ich besitze, hart erarbeitet ist. Das haben Ilka und ich aus eigener Kraft geschafft. Ich habe damals richtig gehandelt.«

Uwe blieb in Hamburg. Wie jeden Morgen stand er weiterhin um sechs Uhr auf, kletterte in seinen VW und später in seinen Mercedes, um für »adi-

Ein trauriger Augenblick: Mit hängendem Kopf verläßt Uwe Seeler nach der 2:4-Niederlage gegen England 1966 das Wembley-Stadion. Helmut Schön (rechts) ist ernst, aber gefaßt

das« in ganz Norddeutschland die Kundschaft zu besuchen. Heute besitzt er zudem noch seine eigene Firma, die »Uwe-Seeler-Moden« mit zehn Angestellten, sowie Tennisanlagen in Kiel und Kaltenkirchen bei Hamburg.

»Das große Geld konnte man im Fußball doch erst verdienen, als meine Zeit gerade zu Ende ging. Das war 1970, nach der Weltmeisterschaft in Mexiko. Ich war immer einer von den Vorsichtigen, weißt du ja. Nur einmal habe ich über die Stränge geschlagen. Da habe ich an unser Haus ein Schwimmbad anbauen lassen, obwohl meine Frau dagegen war. Ilka hatte recht. Heute steht das Ding leer. Ist ja viel zu teuer im Unterhalt, und morgens gehe ich auch lieber mit dem Hund spazieren, als mich ins Wasser zu werfen.«

Ein paar Wanderer grüßen uns freundlich auf unserem Waldspaziergang. Wir bemühen uns, genauso

26mal spielten die Freunde zusammen für Deutschland. Im Vereinstrikot waren sie oftmals Rivalen

freundlich zurückzugrüßen. Die Leute erkennen Uwe sofort, und darauf darf er stolz sein. Sie haben ihn nicht vergessen, obwohl er bereits 1970 sein letztes Länderspiel bestritten hat. Selten ist ein deutscher Spieler so geliebt worden wie Uwe.

Sonderbar, solche wie Uwe gibt es immer seltener. Ich meine, Spieler mit diesem Können, mit dieser charakterlichen Stärke und mit dieser Ausstrahlung. Wir reden darüber, und Uwe sieht sich bestätigt: Abgesehen von Maradona hat auch die Weltmeisterschaft in Mexiko keine »Personalities« hervorgebracht. Das hatte er mir schon vorausgesagt: »So schön wie unsere Mexiko-WM 1970 wird's diesmal nicht, Franz, denk' an meine Worte.«

Da sind wir also wieder bei dem Punkt, über den schon seit Jahren diskutiert wird: »Die großen Persönlichkeiten fehlen«, sage ich, »das Thema haben wir oft genug durchgenommen, Uwe. Aber weißt du vielleicht einen Grund?«

»Das hat viele Gründe«, antwortet er, »allein bei diesem System, das heutzutage gespielt wird, kann sich doch gar keiner mehr richtig entfalten. Alles passiert im Mittelfeld, da tritt einer dem anderen auf die Füße. Aber Fußball wird doch erst im Strafraum interessant. Da wollen die Leute was sehen.«

»Mit dem Sturm haben wir in unserer Mannschaft ja noch die wenigsten Probleme. Völler, Littbarski, Uwe Rahn, Klaus Allofs — da kann man schon was erwarten. Das ist mein Ausblick auf die Europameisterschaft 1988.«

»Richtig, aber diese Schlitzohren wie früher gibt es nicht mehr. Einen wie Rahn oder Schäfer oder Libuda. Die hatten immer etwas Überraschendes, Verrücktes drauf. Heute siehst du doch fünf Minuten vorher, was da passiert.«

»Die Zeiten haben sich eben auch im Fußball geändert. Früher, da konnte man noch zaubern, da wurde nicht so konsequent gedeckt, da ging es nicht so hart zur Sache. Mein Gott, unser Jahrhundertspiel 1970 gegen Italien, das war doch Operettenfußball. Wunderschön und spannend, aber das Spiel lebte auch weitgehend von seinen Fehlern . . .«

Abschied als Fußballer, doch kein Abschied vom Fußball: Fritz Walter und Uwe Seeler kamen zum letzten Spiel des Münchners im Trikot des Hamburger Sportvereins

Wir kehren um. Ich will Uwe, dem begeisterten Tennisspieler, in meinem Kitzbüheler Club mal einen Golfschläger in die Hand drücken. Er versteht das nicht. »Was kann einem wie dir am Golfspiel gefallen?«

»Das ist eine Sucht. Da spielst du zwanzig Jahre Fußball, wo 22 Mann hinter einem Ball her sind, und irgendwie schaffst du es, ihn dahin zu schießen, wohin du ihn haben willst. Und dann fängst du mit Golfen an. Du hast deinen eigenen Ball, kannst dir Zeit lassen, niemand attackiert dich — und was passiert? Du triffst den Ball nicht. Und wenn es dann endlich gelingt, dann ist das ein Glücksgefühl, auf das du nicht mehr verzichten kannst.«

Uwe zeigt sich skeptisch, und er bleibt es, als er wenig später zum erstenmal einen Golfschläger in die Hand nimmt. »Nee, Franz, das ist nichts für mich.« Wenn er so etwas sagt, dann ist das auch so. Was ihm gegen die Natur geht, das faßt er nicht an. Und ihn von seiner Meinung abzubringen fällt schwer. Zum Beispiel beim Thema Frauen und Fußball. Die Frauen der Spieler in der Nähe ihrer Männer bei einer Weltmeisterschaft zum Beispiel.

Ich bin dafür. Uwe nicht. »Also, Franz«, sagt er, »da bin ich anderer Ansicht als du. Die Spielerfrauen gehören nicht in die Nähe des Trainingslagers. Mensch, die Spieler sind doch Profis, die müssen doch wissen, um was es geht. Wenn man sich da noch um seine Frau oder Freundin kümmert, gibt's nur Unruhe. Und wenn die Frauen dann auch noch zusammenhocken! Na, ich weiß doch, was dabei herauskommt. Aber vielleicht bin ich ein bißchen altmodisch.«

»Die Spieler sind erwachsene Menschen. Wenn da einer nach dem Abendessen noch seine Frau besucht und pünktlich um elf Uhr zurück ist, schadet das keinem. Viel schlimmer ist es, wenn sie über die Zäune gehen oder hinter den Zimmermädchen her

Uwes Spezialität waren Kopfbälle: Hier erzielt er ein Tor gegen England in León

sind. Ich sehe das ganz locker, sofern sich jeder an die Abmachungen hält.«
Uwe schüttelt den Kopf. »Wenn ich daran denke, wie 1958 Sepp Herberger aus unserem Quartier in Schweden die Stubenmädchen gegen männliche Hausangestellte austauschen ließ. Oder 1962 in Chile, da wohnten wir in einer Kaserne. Aber genützt hat's ja eigentlich auch nichts. Nach dem Viertelfinale mußten wir nach Hause.«

Unser Spaziergang ist zu Ende. Uwe muß zurück, spielt morgen in Berlin Fußball. »Du weißt ja, mit meinen alten Herren. Wir brauchen wieder Geld in der Kasse.«
Es geht nicht um die eigene. Uwe ist Präsident des Kuratoriums der »Deutschen Muskelschwund-Hilfe«. Für den Kampf gegen diese furchtbare Krankheit, an der in Deutschland rund 150 000 Menschen leiden, rührt er seit langem die Spendentrommel: »Ich als alter Fußballer fühle mich da gefordert, schließlich habe ich mein Geld durch Muskelarbeit verdient.«
Wir verabschieden uns. Ich lache Uwe in die blauen Augen. »Sei nicht so bescheiden«, sage ich, »du hast zwar viele Jahre lang den Kopf hauptsächlich zum Köpfen benutzt, aber inzwischen weiß jeder, daß er damit eben diese Jahre zweckentfremdet war.«
Uwe weiß, wie ich das meine. Von wegen sein Geld durch Muskelarbeit gemacht! Der Geschäftsmann Seeler ist seit 15 Jahren genauso erfolgreich, wie es der Mittelstürmer Seeler gewesen ist.

Keiner machte so spektakuläre Fallrückzieher wie Uwe: hier im WM-Spiel gegen Spanien 1966

Holland ist geschlagen, Deutschland Weltmeister. Franz Beckenbauer springt Georg Schwarzenbeck in die Arme, Breitner und Vogts jubeln. Einer von vielen großen Augenblicken

Spiele, die ich nie vergesse

»Mein erstes Bundesligaspiel«

Das Spiel war eine einzige Enttäuschung, jedenfalls nach Meinung der Zuschauer im Stadion und auch der Münchner Presse. Und doch erinnere ich mich noch heute an diesen Augusttag, dem damals ganz München entgegenfieberte. Das Stadion an der Grünwalder Straße war schon Wochen zuvor ausverkauft. 44 000 waren glücklich, daß sie eine Karte ergattert hatten, sicherlich wären mehr als 100 000 Zuschauer gerne dabeigewesen. Die »Sechziger« gegen Bayern – das waren seit eh und je emotionsgeladene Lokalderbys gewesen. Bereits 1902 traten die beiden Münchner Traditionsclubs erstmals gegeneinander an, damals gewannen die Bayern mit 3 : 0. Doch was am 14. August 1965 bevorstand, stellte alles in den Schatten: Unsere Mannschaft war in die Bundesliga aufgestiegen und mußte nun im ersten Spiel der Saison ausgerechnet gegen den Lokalrivalen »60« antreten. Ich war 19 Jahre alt. Nach einer Mandelentzündung hatte ich fünf Kilo abgenommen. Für mich war es der erste Höhepunkt meiner Laufbahn. Mei, wenn ich zurückdenke, wer damals in der Mannschaft stand: Sepp Maier, Gerd Müller, der schnelle Nafziger, Mittelstürmer Ohlhauser, in der Verteidigung Kunstwadl und Olk. Und bei 1860: »Radi« Radenkovic im Tor, Perusic, Heiss, Brunnenmeier, Konietzka – alles große Namen in den ersten Jahren der Bundesliga. Doch auch die konnten kein großes Derby garantieren. Nachdem Konietzka bereits in der ersten Minute das 1 : 0 geschossen hatte, begann das, was die Zeitungen am darauffolgenden Montag ein »Gemetzel« nannten. Fouls am Fließband, Hektik, Härte. Im Mittelpunkt standen die »Holzhackerbuam«, wie unser Stopper Danzberg, der vom Platz gestellt wurde. Und doch: Nur ein Münchner kann wohl ermessen, was es für mich als jungen Spieler hieß, in diesem Lokalderby dabeizusein.

»Ein Tor, das keines war«

Es war das »Tor des Jahrhunderts«, obwohl es gar kein Tor war. Zumindest mit an Sicherheit grenzender Wahrscheinlichkeit, wie ein Jurist sagen würde, war der Ball nicht hinter der Linie, und doch stand es in der Verlängerung des WM-Finales plötzlich 3:2 für England. 100 000 Engländer im Wembley-Stadion stimmten ihre Siegeschoräle an, während wir auf dem »heiligen« Rasen ziemlich Unchristliches in Richtung Schiedsrichter Dienst und Linienrichter Bachramow brüllten.

Was damals geschah, wird keiner vergessen, der es als Augenzeuge oder Fernsehzuschauer gesehen hat: Helmut Haller und Wolfgang Weber hatten die beiden Tore für Deutschland geschossen, Hurst und Peters waren die Schützen für England gewesen. Und dann, in der 100. Minute, als erneut der englische Mittelstürmer Hurst zum Schuß kam, spielte sich diese Szene ab, die bis heute die Gemüter erregt: Hursts Ball knallte gegen die Unterseite der ovalen Torlatte und prallte von dort ab auf den Boden. Von da aus flog er zurück ins Feld, wo ihn Wolfgang Weber wegköpfte. Einen Augenblick lang herrschte Ratlosigkeit. Dann rissen die Engländer die Arme hoch: Tor? Der Schweizer Schiedsrichter Dienst reagierte nicht, aber nach dem Protest der englischen Spieler lief er zu dem sowjetischen Linienrichter Bachramow. Und der deutete mit seiner Fahne zur Mittellinie: Tor!

Tilkowski, unser Schlußmann, drehte fast durch. Uwe Seeler hielt einige von uns zurück, sonst wären sie wohl den Herren in Schwarz an den Kragen gegangen. Bis heute gibt es kein Dokument, keinen Film, kein Foto, das eindeutig beweist, daß der Ball im Tor war. Im Gegenteil. Was für eine Dramatik in einem Finale, das wohl zu den besten der Fußballgeschichte gezählt werden muß!

»Der ›Bulle‹ war der Stärkste«

»Bestes Mannschaft von Welt!« rief unser Trainer Cjik Cajkovski durch die Kabine des Nürnberger Stadions, und weil keiner widersprach, setzte er gleich noch einen drauf: »Holen nun Titel auf dem Mond!« Unser Cjik, einst im Dreß der jugoslawischen Nationalelf einer der besten Spieler der Welt, war genauso aus dem Häuschen wie die 70 000 im Stadion und die Millionen an den Bildschirmen zu Hause. Wir, die jungen Bayern, die erst zwei Jahre zuvor in die Bundesliga aufgestiegen waren, hatten den Europacup der Pokalsieger gewonnen. Und der Mann des Abends hieß Franz Roth. Er stammte aus dem Allgäu, ein Naturbursche mit der Kraft eines Stiers. Wir nannten ihn »Bulle«. Und vielleicht war es daher kein Zufall, daß ausgerechnet er das einzige und entscheidende Tor des Abends schoß.

In den neunzig Minuten regulärer Spielzeit hatte der Kampf keinen Sieger hervorgebracht. Die Schotten mit ihrem gefährlichen Stürmer Hynd konnten keine Chance nutzen. Und unser Gerd Müller auch nicht. Der »Bomber« war allerdings durch eine Ledermanschette am Unterarm gehandikapt. Die Schutzhülle mußte er wegen seines noch nicht ausgeheilten Unterarmbruchs anlegen. Dies allein macht deutlich, daß jeder von uns mit dem Kopf unter dem Arm in dieses Spiel gegen die weltberühmten Rangers gegangen wäre. Als nach neunzig Minuten immer noch nichts entschieden war, pfiff Schiedsrichter Lo Bello zur Verlängerung von zweimal 15 Minuten. Es war ein Kampf auf Biegen oder Brechen. Zwölf Minuten vor Schluß endlich die Erlösung. Ohlhauser schlug den Ball aus der eigenen Hälfte mit letzter Kraft nach vorne, Richtung Strafraum der Rangers. »Bulle« Roth schlenzte den Ball im Fallen ins Tor. Und gute zwanzig Minuten später hielt ich zum erstenmal einen Europapokal in den Händen. Und unser verrückter Cjik wollte uns auch noch auf den Mond schicken . . .

»Als Sepp Maier durchdrehte«

Es gab wenige Augenblicke, die mich so schockiert haben wie der, den ich vor bald zwanzig Jahren im Mailänder San-Siro-Stadion erlebte. Dabei hatte ich gar nicht richtig hingeschaut. Erst als die 80 000 Tifosi losbrüllten, merkte ich, daß etwas passiert war. 1:0 für die Italiener. Dabei hatte doch unser Sepp Maier gerade noch den Ball in der Hand gehalten und sich für den Abschlag vom Tor einen Mitspieler gesucht . . . Es war vielleicht das verrückteste Tor, das je gegen die Bayern geschossen wurde, und sicherlich das dümmste. Was war geschehen? 51 Minuten waren gespielt, und noch war offen, wer ins Finale des Europacups der Landesmeister einziehen würde — wir oder die Italiener, die um vieles erfahrener waren als unsere junge Bayern-Elf. Sepp Maier, an diesem Tag der Arbeit viel beschäftigt und groß in Form, war bei einem Eckball unfair gerempelt worden. Schwarzenbeck rettete auf der Linie. Schließlich fischte sich der Sepp doch noch den Ball, den er mit dem Fuß einem frei stehenden Mannschaftskameraden zuspielen wollte. Den Ball in der Hand haltend, beachtete er den neben ihm laufenden Mittelstürmer Sormani nicht. Als der Sepp den Ball in die Luft warf, hielt Sormani frech seinen Fuß hin, und das Leder flog ins Tor. Weder die Fernsehkameras noch der Schiedsrichter hatten die Szene beobachtet. Die Italiener selbst wußten nicht so recht, was geschehen war, doch Schiedsrichter Garcia deutete an: Tor. Da drehte der gute Sepp durch und wollte dem Unparteiischen — sofern das Wort an diesem Tag angebracht war — kurzerhand an den Kragen. »Bulle« Roth warf sich dem Wütenden entgegen und hielt ihn wie ein amerikanischer Footballspieler mit einem Polizeigriff fest. »Ich hätte ihm ein Ohr abgebissen«, schwor der Maier Sepp hinterher.

MILAN
SESTO S
URA

»Das Spiel des Jahrhunderts?«

Ich lag auf dem Rücken und wollte am liebsten nicht mehr aufstehen. Der stechende Schmerz in meiner rechten Schulter wurde fast unerträglich, wenn ich meinen Arm bewegte. Links und rechts von mir flogen nasse Schwämme zu Berti Vogts, Gerd Müller oder Willi Schulz. Neunzig Minuten Fußball waren vorbei. Es stand 1 : 1. Also Verlängerung. An diesem Tag bekamen die 100 000 Zuschauer im Azteken-Stadion mehr als ein Spiel zu sehen. Erschöpft von der Hitze, in der dünnen Luft von Mexico City schwer atmend, versuchten wir uns in den wenigen Minuten zu erholen. Konnte ich überhaupt noch spielen? Seit der 65. Minute, als mich der italienische Libero böse foulte, spürte ich diesen wahnsinnigen Schmerz. »Geht's, Franz?« fragte mich Helmut Schön besorgt. Ich nickte. Sollte ich etwa aufgeben? Masseur Deuser und unser Mannschaftsarzt, Professor Schoberth, legten mir einen Notverband an, sie bandagierten meinen rechten Arm fest an die Brust. Wir durften ja nicht mehr auswechseln. Ich mußte einfach durchhalten. »Wir packen die Italiener noch«, dachte ich. Das Ausgleichstor von Karl-Heinz Schnellinger in der 92. Minute hatte sie schockiert. Eine Stunde lang hatten wir sie unter Druck gesetzt, aber mit allen Tricks und der Hilfe von Schiedsrichter Yamasaki hätten sie um ein Haar mit 1 : 0 das Finale der WM erreicht. Wer in der Verlängerung das nächste Tor schießen würde, der hätte so gut wie gewonnen. Da war ich mir sicher. Welch ein Irrtum. War dies das Spiel des Jahrhunderts? Zumindest war es an Dramatik kaum mehr zu überbieten. Wie ausgelaugte Marathonläufer wankten wir über den Rasen. Abspielfehler, irrwitzige Fehler sogar, machten die fünf Tore in der Verlängerung erst möglich. Große Spiele müssen nicht unbedingt perfekte Spiele sein.

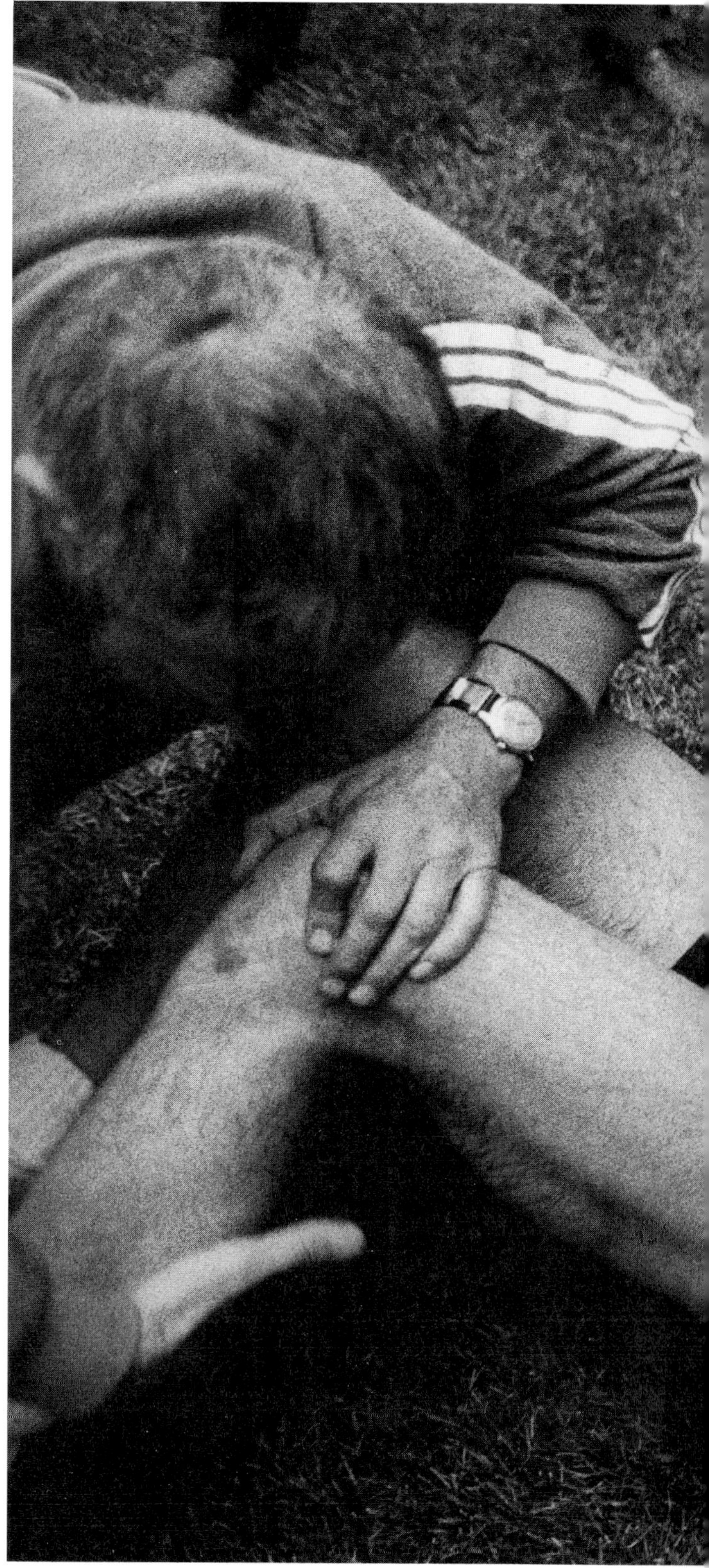

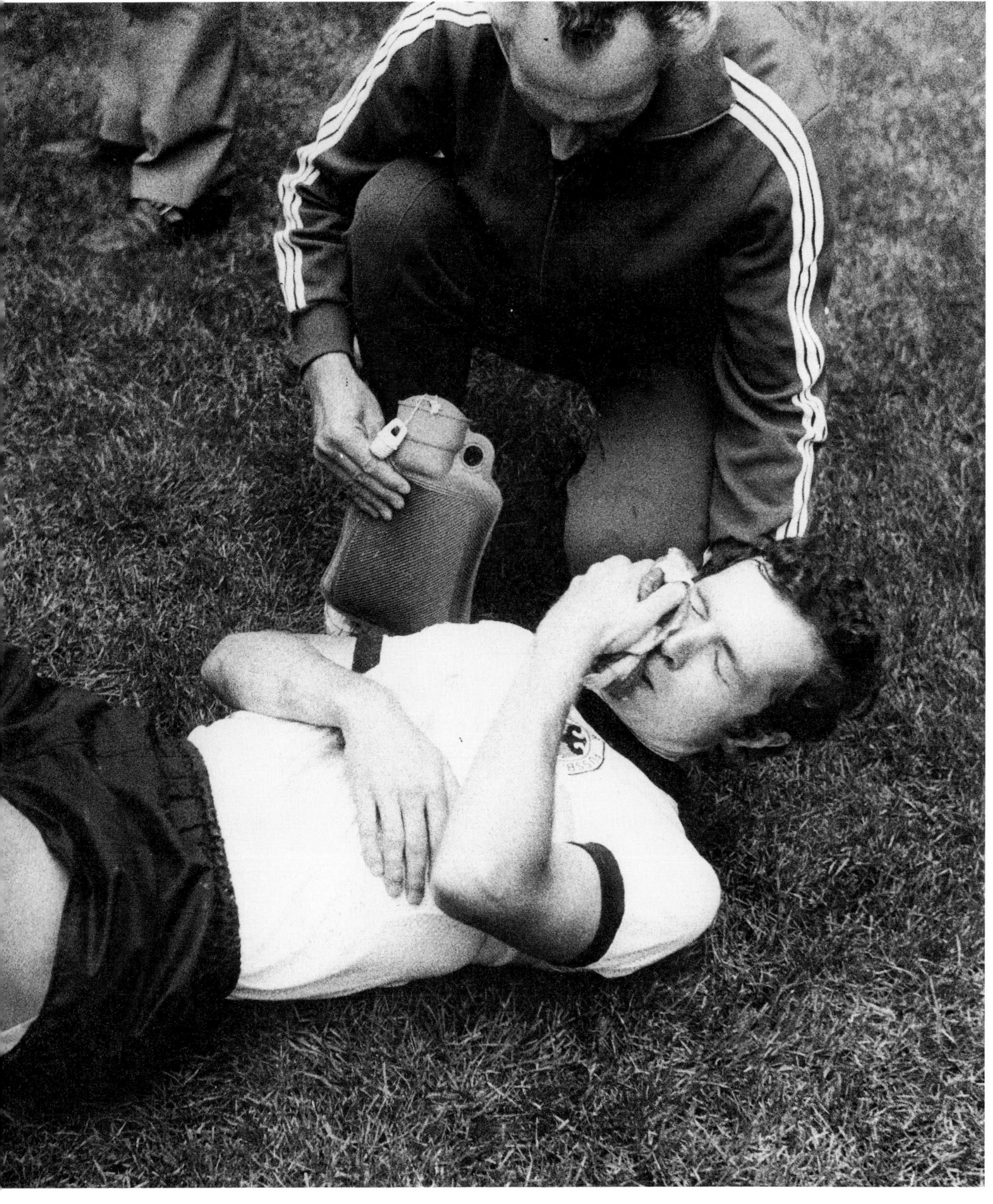

»Katsches größte Stunde«

Dieses Finale bestand aus zwei Spielen. Das erste fand am 15. Mai im Stadion von Brüssel statt, die Wiederholung zwei Tage später. Alle Experten waren sich vor unserer Reise von München nach Belgien einig gewesen, daß die Bayern zum erstenmal den Europacup der Meister holen würden. Wir waren einfach dran, denn wir hatten genug internationale Erfahrung. 30 000 Mark Prämie setzte unser Präsident Wilhelm Neudecker für einen Sieg aus. Den spanischen Vereinsmanagern war der Erfolg immerhin auch 22 000 Mark wert. Aber sie fürchteten wohl selbst nicht, daß sie ihn ausbezahlen müßten. Doch es kam ganz anders, denn wir hatten einen miserablen Tag erwischt. Nichts lief zusammen. Aber auch die Madrilenen hatten das Schießpulver nicht erfunden. Erst in der 24. Minute der Verlängerung erzielte Luis mit einem Freistoß das 1 : 0. Alles schien verloren. Da geschah das Wunder: Ich spielte Georg Schwarzenbeck an, unseren Vorstopper, der, unbeachtet von den Spaniern, auf die Strafraumgrenze zulief. Und da haute »Katsche« einfach drauf. Aus 28 Metern zischte der Ball wie an einer Schnur gezogen ins Tor. Unfaßbar, für »Katsche« wohl bis heute. Zwei Tage danach kam es zur Wiederholung. Und da waren wir nicht wiederzuerkennen, so, als hätten wir das erste Spiel nur zum Aufwärmen gebraucht. Uli Hoeneß gelang das 1 : 0 nach einem tollen Alleingang. Dann kam Gerd Müllers Stunde: 2 : 0 und das 3 : 0, wobei er raffiniert den Ball hoch über den spanischen Torwart hinweghob. Und dann nochmals Uli Hoeneß, der zwei Abwehrspieler und den Torwart ausspielte. »Er macht sie alle fertig!« rief der Fernsehreporter Oskar Klose (der leider so früh verstorben ist) in sein Mikrophon. Ich habe mir dieses Spiel noch bei einigen Gelegenheiten als Aufzeichnung angesehen. Der Sieg von Brüssel hatte uns wohl endgültig zur Nummer eins in Europa gemacht. Dank »Katsche«.

»Als Sparwasser uns zum Kochen brachte«

Noch heute behaupten manche, ich sei an jenem Junitag über mich selbst hinausgewachsen. Nicht, daß ich ein gutes Spiel gemacht hätte, davon konnte wahrlich nicht die Rede sein. Wir hatten bei der Weltmeisterschaft recht und schlecht die ersten beiden Spiele der Vorrunde hinter uns gebracht. In Berlin besiegten wir die Chilenen durch ein Tor von Paul Breitner und dann Australien in Hamburg mit 3:0. Aber eine Mannschaft waren wir noch lange nicht. Dies zeigte sich schließlich überdeutlich im Spiel der Spiele, im Duell gegen die DDR im Hamburger Volksparkstadion. Nie zuvor hatten die beiden deutschen Nationalmannschaften gegeneinander gespielt. Entsprechend brisant war dieser Abend. Auf der Tribüne saß politische Prominenz aus West und Ost. Profis gegen Staatsamateure, ein Prestige-Duell, mehr als nur ein Fußballspiel. Fußball war in der DDR längst nicht so populär wie andere Sportarten. Das Kollektiv zählte, nicht der Star. Das war deren Philosophie. Doch ausgerechnet gegen uns wurde ein Star geboren, wenn auch nur für einen Abend: Jürgen Sparwasser schoß das einzige Tor in diesem Spiel und blamierte uns bis auf die Knochen. Auf der Heimfahrt zur Sportschule Malente herrschte Friedhofsstimmung. Aber es mußte doch weitergehen, wir konnten uns im eigenen Land nicht noch solch ein Spiel leisten. Am nächsten Tag wurde in der Mannschaft Fraktur geredet, deutliche Worte an die Adresse einiger Spieler, die den Ernst der Lage nicht begriffen hatten. Ich bin Helmut Schön, der schwer getroffen war, beigesprungen. Mag sein, daß es nicht immer meine Stärke war, die unangenehmen Dinge des Lebens direkt und ohne zu zögern anzupacken – damals bin ich über meinen Schatten gesprungen. Mit einer neuformierten Elf, mit einem neuen Geist gewannen wir das nächste Spiel: gegen Jugoslawien – und am Ende waren wir Weltmeister.

DDR
14

»Meine Premiere zu Orgelklängen«

»Franz, du bist verrückt.« Ich glaube, so begann jedes meiner Selbstgespräche an diesem Nachmittag im Football-Stadion von Tampa Bay in Florida. 45 000 Zuschauer wollten das Spiel ihrer »Rowdies« gegen unsere Elf von »Cosmos« New York sehen. Es war mein erstes Spiel für die Amerikaner. 45 Grad Hitze, über 80 Prozent Luftfeuchtigkeit. Selbst Pelé lief schon im Stehen der Schweiß übers Gesicht. Der helle Wahnsinn. Der Stadionsprecher erklärte den Zuschauern noch schnell die Regeln. Wie beim Football tanzten die Mädchen in kurzen Röcken am Spielfeldrand. Amerikanische Nationalhymne, Soldaten präsentierten das Gewehr — in was hatte ich mich da eingelassen? Unser zusammengewürfelter Haufen von Stars aus aller Welt wußte nicht, wo hinten und vorne war. Nach dreißig Minuten lagen wir 0 : 4 im Rückstand. Ich hielt das Ganze für einen schlechten Traum. Am Ende stand es wenigstens nur noch 4 : 2 für die »Rowdies«. Ich hatte ein Tor erzielt. Und das zu den Klängen eines Orgelspielers, der jeden Angriff mit aufmunternden Rhythmen begleitete. In der Kabine waren alle ziemlich fröhlich, obwohl wirklich kein Anlaß dazu bestand. Das war mir vielleicht eine Truppe. Aber daß sie was von Fußball verstand, bewies die Cosmos-Mannschaft dann oft genug in den drei Jahren, in denen ich für sie spielte und dreimal mit ihr US-Meister wurde. Mein Abschiedsspiel wurde sogar zu einer rauschenden Ballnacht. Der Senat von New Jersey hatte einen »Franz-Beckenbauer-Tag« ausgerufen. Und doch, keines der Spiele an der Seite Pelés blieb mir so im Gedächtnis wie diese Schlappe in Tampa, als mir erstmals in einem amerikanischen Stadion aus den Lautsprechern entgegenschallte: »Franz, the Kaiser!«

»Beim Abschied nicht mal Servus«

Da war er also nun, der Tag, vor dem jeder Fußballer Angst hat: das Ende der Karriere, das letzte Spiel. Daß ich es im Hamburger Volksparkstadion spielen würde, hatte ich mir nie träumen lassen. In München, wo auch sonst, wäre der Platz für einen solchen Abschiedsabend gewesen – mit Freibier, Blasmusik, einem randvollen Stadion und irgendeinem Orden für besondere Verdienste um München, Bayern, den Fußball oder was weiß ich. Aber es war eben alles ganz anders gekommen, nachdem ich nach meiner Rückkehr aus den USA beim HSV unterschrieben hatte. Ständig plagten mich Verletzungen. Und als ich auch noch nach einem unglücklichen Zusammenprall mit einem Nierenriß ins Eppendorfer Universitäts-Krankenhaus eingeliefert werden mußte, war das Ende meiner Laufbahn endgültig in Sicht. Zehn Tage vor der Weltmeisterschaft in Spanien organisierte der HSV für mich das Abschiedsspiel gegen unsere Nationalmannschaft. Natürlich, ich war enttäuscht, daß das Stadion mit 30 000 Zuschauern nur halb gefüllt war. Ein neuer »Uwe« war ich eben nicht geworden in der Hansestadt, und dennoch blieb dieser Abend in der freundlichen, aber zurückhaltenden Stimmung ein unvergeßlicher Abschluß, nicht nur, weil sich Uli Stielike großzügig zur Seite wandte, als ich von der Strafraumgrenze aus einen Freistoß direkt verwandelte. Und daß bei meinem zweiten Treffer, einem Eigentor, der Stadionsprecher aus lauter Freundlichkeit meinen Namen verschwieg, empfand ich als nette Geste. Um 22.13 Uhr beendete mein alter Bekannter Walter Eschweiler mit einem Pfiff meine Karriere als Fußballer. Ein »Tschüs« statt ein »Servus« zum Abschied . . .

5
BP

1969: Der FC Bayern ist Deutscher Meister

Zusammengestellt von Michael Steinbrecher (München)

Spiele Tore Rekorde

Die Spielerkarriere

Franz Beckenbauer, geboren 11. September 1945 in München-Giesing / 1954–58 Jugendspieler SC 1906 München / 1958–77 FC Bayern München / 1977–80 Cosmos New York / 1980–82 Hamburger SV / seit 1984 DFB-Teamchef

103 A-Länderspiele 1965–77 (14 Tore) / 2 B-Länderspiele 1964 / 1 Jugend-Länderspiel 1964 / 2 Junioren-Länderspiele 1964 / (in Jugend- und Junioren-Nationalelf 3 Tore)

Für FC Bayern München: 396 Bundesligaspiele (44 Tore) / 62 DFB-Pokalspiele (6 Tore)

Weltmeister: 1974, Vizeweltmeister: 1966, 1986 (als Teamchef), Dritter: 1970

Europameister: 1972, Vize-Europameister: 1976

Europacup der Meister: 1974, 1975, 1976 mit FC Bayern München

Europacup der Pokalsieger: 1967 mit FC Bayern München

Deutscher Meister: mit FC Bayern München 1969, 1972, 1973, 1974 (Vize: 1970, 1971) / mit Hamburger SV 1982

Deutscher Pokalsieger: mit FC Bayern München 1966, 1967, 1969, 1971

Süddeutscher Meister: mit FC Bayern München 1965

USA-Meister: mit Cosmos New York 1977, 1979, 1980

Weltpokalsieger: mit FC Bayern München 1976

Viermal Mitglied der Weltelf / viermal in einer Kontinent-(Europa-) bzw. Teilkontinentelf (EWG)

Einmal Trainer der Weltelf (1986)

Aufstieg zur Bundesliga: mit FC Bayern München 1965

Bereits 1964 »Sondergenehmigung« des DFB für Aufstiegsspiele (1. Spiel in 1. Mannschaft: 6. 6. 1964, Aufstiegsrunde in Hamburg gegen FC St. Pauli 4:0 [1 Tor])

18 WM-Spiele (5 Tore) / 18 EM-Spiele (0 Tore)

Erster deutscher Fußballspieler, der über 100 Länderspiele absolvierte

Die Rekorde

Mit dem ersten von Beckenbauer bestrittenen Länderspiel — 26. 9. 1965 in Stockholm gegen Schweden 2:1 (WM-Qualifikation) — erster deutscher Sieg in Schweden überhaupt

Bundesliga-Punkte- und -Torerekord mit FC Bayern München: mit 55:13 Punkten und 101:38 Toren als Meister 1971/72

Erstmals »Rekordnationalspieler« — am 24. 11. 1973 in Stuttgart gegen Spanien 2:1: Beckenbauer übertraf mit seinem 73. Länderspiel Uwe Seelers Rekord von 72 Spielen

Fünfzigmal Kapitän der Nationalmannschaft: vom 25. 4. 1971 (in Istanbul gegen Türkei 3:0) — mit einer Unterbrechung — bis 23. 2. 1977 (in Paris gegen Frankreich 0:1, letztes Länderspiel Beckenbauers)

Länderspiele 103: 69 gewonnen — 18 unentschieden — 16 verloren — 14 Beckenbauer-Tore

Super-Cup (FC Bayern) 4: 1 gewonnen — 3 verloren

Europacup (Meister) (FC Bayern) 40: 25 gewonnen — 7 unentschieden — 8 verloren — 5 Beckenbauer-Tore

Europacup (Pokalgew.) (FC Bayern) 23: 11 gewonnen — 9 unentschieden — 3 verloren — 1 Beckenbauer-Tor

UEFA-Cup (FC Bayern) 6: 3 gewonnen — 2 unentschieden — 1 verloren — 1 Beckenbauer-Tor

Weltpokal (FC Bayern) 2: 1 gewonnen — 1 unentschieden

UEFA-Cup (Hamburger SV) 5: 3 gewonnen — 2 verloren

Regionalligaspiele (FC Bayern) 31: 22 gewonnen — 6 unentschieden — 3 verloren — 16 Beckenbauer-Tore

Aufstiegsspiele (FC Bayern) 12: 7 gewonnen — 2 unentschieden — 3 verloren — 4 Beckenbauer-Tore

Bundesligaspiele (FC Bayern) 396: 221 gewonnen — 84 unentschieden — 91 verloren — 44 Beckenbauer-Tore (B. fehlte nur zwölfmal)

DFB-Pokal-Spiele (FC Bayern) 62: 46 gewonnen — 6 unentschieden — 10 verloren — 6 Beckenbauer-Tore

Bundesligaspiele (Hamburger SV) 28: 15 gewonnen — 7 unentschieden — 6 verloren

DFB-Pokal-Spiele (Hamburger SV) 4: 3 gewonnen — 1 verloren

Die Serien

1968/69: vom ersten bis zum letzten Spieltag mit FC Bayern München Tabellenführer

Vom 28. 3. 1974 bis 28. 9. 1975 in 73 Bundesliga-Heimspielen ohne Niederlage (aber eine Niederlage zu Hause im DFB-Pokal gegen die Offenbacher Kickers). Fünfeinhalb Jahre ohne Heimniederlage. Vom 27. 10. 1979 (1:2 gegen 1. FC Köln) bis 24. 4. 1982 (3:4 gegen HSV) in 43 Heimspielen ohne Niederlage

Vom 15. 5. 1971 bis 15. 2. 1975 126 Bundesligaspiele in Serie

1971/72: vom 1. bis 14. Spieltag ohne Niederlage (14 Spieltage)

1973/74: vom 19. bis 33. Spieltag ohne Niederlage (15 Spieltage)

Ohne Heimniederlage: 1970/71, 1971/72, 1972/73, 1973/74

Dreimal nacheinander Deutscher Meister: 1971/72, 1972/73, 1973/74

Dreimal nacheinander EC-(Meister-)-Gewinner: 1974, 1975, 1976

60 Länderspiele in Serie vom 9. 9. 1970 (in Nürnberg gegen Ungarn 3:1) bis 23. 2. 1977 (in Paris gegen Frankreich 0:1)

Fünfzigmal Kapitän der Nationalelf (April 1971 bis Februar 1977)

Die großen Auswahlspiele

Weltelf gegen Brasilien 1:2 am 6. 11. 1968 in Rio (Beckenbauer mit Schulz und Overath in Weltelf)

Weltelf gegen Hamburger SV (Abschiedsspiel W. Schulz) 5:2 am 24. 4. 1973 in Hamburg (Beckenbauer in Weltelf)

Weltelf gegen FC Bayern München (Abschiedsspiel Breitner) 3:2 am 31. 5. 1983 in München (Beckenbauer in Weltelf, Eigentor Beckenbauer)

Cosmos New York gegen Weltelf 2:2 am 30. 8. 1978 in New York (Beckenbauer für Cosmos)

Cosmos gegen Weltelf 1:3 am 22. 7. 1984 in New York (Beckenbauer in Weltelf) (zugunsten UNICEF)
Cosmos-Gastspiel beim FC Bayern München 1:7 am 12. 9. 1978
Cosmos-Gastspiel beim VfB Stuttgart 1:6 am 19. 9. 1978
Cosmos-Gastspiel beim Freiburger FC 0:2 am 21. 9. 1978 (jeweils mit Beckenbauer für Cosmos)
Weltelf gegen Europaelf 2:3 am 7. 8. 1982 in New York (Beckenbauer in Europaelf) (zugunsten UNICEF)
Europaauswahl gegen Borussia Dortmund 2:3 am 28. 12. 1979 in Dortmund (Beckenbauer in Europaauswahl) (zugunsten UNICEF)
USA gegen Weltelf 2:2 am 27. 7. 1986 in Pasadena (USA) Beckenbauer Trainer der Weltelf (zugunsten UNICEF)
Cosmos gegen FC Bayern München 0:2 am 4. 7. 1979 in New York (Beckenbauer in Cosmos-Elf)
Abschiedsspiel von Uwe Seeler beim HSV gegen Europaelf 3:7 am 1. 5. 1972 in Hamburg (Beckenbauer in Europaelf)
Abschiedsspiel von Gerd Müller beim FC Bayern München gegen Deutsche Nationalelf 4:2 am 20. 9. 1983 in München (Beckenbauer in Bayern-Elf)
FC Bayern München gegen WM-'74-Mannschaft 6:4 am 2. 6. 1981 in München (Beckenbauer in WM-Mannschaft)
Europaauswahl Neue EG – Alte EG (zum EG-Eintritt von drei Ländern) 2:0 am 3. 1. 1973 in London (Beckenbauer in »Alte EG«)
Neuauflage WM-Finale von 1974 Deutschland–Holland 0:1 am 3. 7. 1984 in München (Jubiläum) (Beckenbauer in Nationalelf)
Abschiedsspiel von Beckenbauer beim HSV gegen Nationalelf 2:4 (Eigentor Beckenbauer) am 1. 6. 1982 in Hamburg (Beckenbauer für HSV)

Die Auszeichnungen

Fußballspieler des Jahres (Europa): 1972, 1976 (Zweiter: 1975)
Fußballspieler des Jahres (Deutschland): 1966, 1968, 1974, 1976
Fußballer des Jahres (USA): 1977
Silbernes Lorbeerblatt: 1966, 1967, 1974
Zweiter bei der Wahl des »Weltsportlers«: 1974
»Mann des Jahres« der Zeitschrift »Sport« (Abstimmung der Bundesligaspieler): 1976
Mannschaft des Jahres (mit Nationalelf): 1966, 1970, 1976
Mannschaft des Jahres (mit FC Bayern München): 1967 (Dritter: 1974, 1976)
Verdienstorden am Bande der Bundesrepublik Deutschland und Bayerischer Verdienstorden

Spiele und Tore

Nationalmannschaft und FC Bayern München

Regionalliga-Süd 1964/65
Bayern Süddt. Meister
FC Bayern München gegen:

SV Darmstadt (H) ohne Beckenbauer	10:0
SpVgg Fürth (A) ohne Beckenbauer	1:2
Hessen Kassel (A) ohne Beckenbauer	1:3
Bayern Hof (H) ohne Beckenbauer	3:0
Offenbacher Kickers (A) ohne Beckenbauer	0:0
Stuttgarter Kickers (H) B. erstmals in der Regionalliga (2. 9. 1964)	2:0
Schwaben Augsburg (A)	0:0
ESV Ingolstadt (H) 2 Tore	5:1
FC Wacker München (A) 3 Tore	9:2
Waldhof Mannheim (H)	1:1
Freiburger FC (A)	11:2
SSV Reutlingen (H) 1 Tor	5:0
SSV Ulm (H)	9:1
VfR Mannheim (A)	6:3
Emmendingen (H) 3 Tore	7:0
FC 05 Schweinfurt (A)	6:0
FSV Frankfurt (H)	4:1
1. FC Pforzheim (A) 2 Tore	4:1
Hessen Kassel (H) 1 Tor	6:0
Stuttgarter Kickers (A) 1 Tor	6:1
SV Darmstadt (A)	7:2
SpVgg Fürth (H)	5:1
FC Bayern Hof (A)	2:3
Offenbacher Kickers (H) 1 Tor	5:0
Schwaben Augsburg (H) 1 Tor	4:0
ESV Ingolstadt (A)	1:2
Waldhof Mannheim (A)	1:1
Freiburger FC (H)	1:1
SSV Reutlingen (A)	3:0
SSV Ulm (A)	1:1
VfR Mannheim (H)	0:0
Emmendingen (A) 1 Tor	10:0
FC Wacker München (H)	1:0
FC 05 Schweinfurt (H)	2:0
FSV Frankfurt (A)	1:2
1. FC Pforzheim (H)	6:1

Aufstiegsspiele zur Bundesliga 1964
Bayern Tabellenzweiter
FC Bayern München gegen:

St. Pauli Hamburg (A) 1 Tor	4:0
Tasmania Berlin (H)	1:1
Bor. Neunkirchen (A)	1:0
Bor. Neunkirchen (H)	0:2
Tasmania Berlin (A)	0:3
St. Pauli Hamburg (H) 1 Tor	6:1

Aufstiegsspiele zur Bundesliga 1965
Bayern Gruppensieger
FC Bayern München gegen:

Tennis Bor. Berlin (H)	2:0
1. FC Saarbrücken (A)	0:1
Alemannia Aachen (H)	2:1
Alemannia Aachen (A)	1:1
1. FC Saarbrücken (H) 1 Tor	5:0
Tennis Bor. Berlin (A)	8:0

Messe-(= UEFA-)Cup
1970/71
FC Bayern München gegen:

Glasgow Rangers (H) 1 Tor	1:0
Glasgow Rangers (A)	1:1
Coventry (H)	6:1
Coventry (A)	1:2
Rotterdam (H)	2:1
Rotterdam (A)	1:3
FC Liverpool (A) (Viertelfinale)	0:3
FC Liverpool (H) (Viertelfinale)	1:1

Weltpokal
1976
FC Bayern München gegen:

Cruzeiro Belo Horizonte (H)	2:0
Cruzeiro Belo Horizonte (A)	0:0

(1974 hatte FC Bayern auf Spiele gegen Independiente Buenos Aires verzichtet. Den Weltpokal gewann Atletico Madrid gegen Independiente mit 2:0 und 0:1)

Supercup
1975
FC Bayern München gegen:
Dynamo Kiew (H) 0:1
Dynamo Kiew (A) 0:2

1976
FC Bayern München gegen:
RC Anderlecht (H) 2:1
RC Anderlecht (A) 1:4

Europacup der Pokalsieger
1966/67
FC Bayern München gegen:
Tatran Presov (A) 1:1
Tatran Presov (H) 3:2
Shamrock Rovers (A) 1:1
Shamrock Rovers (H) 3:2
Rapid Wien (A) 0:1
Rapid Wien (H) n. Verl. 2:0
Standard Lüttich (H) 2:0
Standard Lüttich (A) 3:1
Glasgow Rangers n. Verl. 1:0
(Finale in Nürnberg)

1967/68
Panathinaikos Athen (H) 1 Tor 5:0
Panathinaikos Athen (A) 2:1
ohne Beckenbauer
Vitoria Setubal (H) 6:2
Vitoria Setubal (A) 1:1
FC Valencia (A) 1:1
FC Valencia (H) 1:0
AC Mailand (A) 0:2
AC Mailand (H) 0:0
(Halbfinale)

1971/72
Skoda Pilsen (A) 1:0
Skoda Pilsen (H) 6:1
ohne Beckenbauer
FC Liverpool (A) 0:0
FC Liverpool (H) 3:1
Steaua Bukarest (A) 1:1
Steaua Bukarest (H) 0:0
Glasgow Rangers (H) 1:1
(Halbfinale)
Glasgow Rangers (A) 0:2
(Halbfinale)

Europacup der Landesmeister
Alle 40 Spiele mit Beckenbauer
1969/70
FC Bayern München gegen:
AS St. Etienne (H) 2:0
AS St. Etienne (A) (1. Runde) 0:3

1972/73
Galatasaray Istanbul (A) 1:1
Galatasaray Istanbul (H) 1 Tor 6:0
(Elfmeter)
Omonia Nikosia (H) 9:0
Omonia Nikosia (i. Augsburg) 4:0
Ajax Amsterdam (A) 0:4
(Viertelfinale)
Ajax Amsterdam (H) 2:1
(Viertelfinale)

1973/74
FC Atvidaberg (H) 3:1
FC Atvidaberg (A) n. Verl.
und 4:3-Elfmeterschießen mit
einem Beckenbauer-Tor 1:3
Dynamo Dresden (H) 4:3
Dynamo Dresden (A) 3:3
ZSKA – Armeeclub Sofia (H) 4:1
1 Tor
ZSKA – Armeeclub Sofia (A) 1:2
Ujpest Budapest (A) 1:1
Ujpest Budapest (H) 3:0
Atletico Madrid n. Verl. 1:1
(Finale in Brüssel)
Atletico Madrid 4:0
(Finale – Wiederholung)

1974/75
1. Runde Freilos!
1. FC Magdeburg (H) 3:2
1. FC Magdeburg (A) 2:1
Ararat Eriwan (H) 2:0
Ararat Eriwan (A) 0:1
AS St. Etienne (A) 0:0
AS St. Etienne (H) 1 Tor 2:0
Leeds United (Finale in Paris) 2:0

1975/76
Jeunesse Esch (A) 5:0
Jeunesse Esch (H) 3:1
Malmö FF (A) 0:1
Malmö FF (H) 2:0
Benfica Lissabon (A) 0:0
Benfica Lissabon (H) 5:1
Real Madrid (A) 1:1
Real Madrid (H) 1:0
AS St. Etienne (Finale in Glasgow) 1:0

1976/77
Köge BK (A) 5:0
Köge BK (H) 1 Tor 2:1
Banik Ostrau (A) 1:2
Banik Ostrau (H) 5:0
Dynamo Kiew (H) 1:0
Dynamo Kiew (A) 0:2
(Viertelfinale)

DFB-Pokalspiele
FC Bayern München gegen:
1964/65
ESV Ingolstadt (A) 4:0
Schwaben Augsburg (A) 1 Tor 3:7
(regionale Ausscheidung)

1965/66
Borussia Dortmund (H) 2:0
(Qualifikation)
Eintracht Braunschweig (H) 1:0
1. FC Köln (A) 2:0
Hamburger SV (H) 2:1
1. FC Nürnberg (A) n. Verl. 2:1
Meidericher SV 1 Tor 4:2
(Finale in Frankfurt)

1966/67
Hertha BSC Berlin (A) n. Verl. 3:2
SpVgg Erkenschwick (A) 3:1
FC 04 Schalke (H) 3:2
TSV 1860 München (H) 3:1
Hamburger SV 4:0
(Finale in Stuttgart)

1967/68
Jahn Regensburg (A) 4:1
MSV Duisburg (H) 3:1
1. FC Nürnberg (H) 2:1
VfL Bochum (A) (Halbfinale) 1:2

1968/69
Offenbacher Kickers (H) n. Verl. 0:0
Offenbacher Kickers (A) 1:0
(Wiederholung)
Arminia Hannover (H) 1:0
Hamburger SV (A) 2:0
1. FC Nürnberg (H) 2:0
Schalke 04 (Finale in Frankfurt) 2:1

1969/70
SG Wattenscheid 09 (A) 6:1
Jahn Regensburg (H) 4:0
1. FC Nürnberg (A) (Viertelfinale) 1:2

1970/71
Hessen Kassel (A) n. Verl. 2:2
Hessen Kassel (H) (Wiederholung) 3:0
1. FC Kaiserslautern (A) n. Verl. 1:1
1. FC Kaiserslautern (H) 5:0
(Wiederholung)
MSV Duisburg (H) 4:0
Fortuna Düsseldorf (A) 1:0
1. FC Köln 1 Tor n. Verl. 2:1
(Finale in Stuttgart)

1971/72
(Hin- und Rückspiel)
Fortuna Köln (A) 1:2
Fortuna Köln (H) 6:0
Eintracht Braunschweig (A) 0:0
Eintracht Braunschweig (H) 1 Tor n. Verl. 3:1
1. FC Köln (H) 3:0
1. FC Köln (A) (Viertelfinale) 1:5

1972/73
(Hin- und Rückspiel)
Barmbek-Uhlenhorst (A) 4:1
Barmbek-Uhlenhorst (H) 7:0
RW Oberhausen (A) 2:1
RW Oberhausen (H) 3:1
Offenbacher Kickers (A) 2:2
Offenbacher Kickers (H) (Viertelfinale) 2:4

1973/74
MSV Duisburg (H) 3:1
Werder Bremen (A) 2:1
Hannover 96 (H) 3:2
Eintracht Frankfurt (A) (Halbfinale) 2:3

1974/75
VfB Stuttgart (H) 3:2
RW Oberhausen (H) 2:0
MSV Duisburg (H) (3. Runde) 2:3

1975/76
1. FC Saarbrücken (H) 3:1
Bünder SV (A) 1 Tor 3:0
Tennis Bor. Berlin (H) 3:0
1. FK Pirmasens (A) 2:0
1. FC Köln (A) 5:2
Hamburger SV (A) 1 Tor n. Verl. 2:2
Hamburger SV (H) (Wiederholung) (Halbfinale) 0:1

1976/77
Hannover 96 Amateure (A) 10:0
Hamburger SV (H) 5:1
TV Unterboihingen (H) ohne Beckenbauer 10:1
FC Bayern München Amateure (H) ohne Beckenbauer 5:3
Hertha BSC Berlin (A) n. Verl. (Viertelfinale) 2:4

Länderspiele
Bundesrepublik Deutschland gegen:
1965
Schweden (A) (WM-Qualifikation) 2:1
Österreich (H) 4:1
Zypern (A) (WM-Qualifikation) 6:0

1966
England (A) 0:1
Holland (A) 2 Tore 4:2
Irland (A) 1 Tor 4:0
Nordirland (A) 2:0
Rumänien (H) ohne Beckenbauer 1:0
Jugoslawien (H) 2:0
Schweiz (Sheffield) (WM) 2 Tore 5:0
Argentinien (Birmingham) (WM) 0:0
Spanien (Birmingham) (WM) 2:1
Uruguay (Sheffield) (WM) 1 Tor 4:0
Sowjetunion (Liverpool) (WM) 1 Tor 2:1
England n. Verl. (WM-Finale in London) 2:4
Türkei (A) ohne Beckenbauer 2:0
Norwegen (H) 3:0

1967
Marokko (H) 5:1
Bulgarien (H) ohne Beckenbauer 1:0
Albanien (H) 6:0
Jugoslawien (A) 0:1
Frankreich (H) 5:1
Jugoslawien (H) ohne Beckenbauer 3:1
Rumänien (A) 0:1
Albanien (A) ohne Beckenbauer 0:0

1968
Belgien (A) 3:1
Schweiz (A) 0:0
Wales (A) ohne Beckenbauer 1:1
England (H) 1 Tor 1:0
Brasilien (H) 2:1
Frankreich (A) 1:1
Österreich (A) (WM-Qualifikation) 2:0
Zypern (A) ohne Beckenbauer (WM-Qualifikation) 1:0
Brasilien (A) 2:2
Chile (A) 1:2
Mexiko (A) 0:0

1969
Wales (H) ohne Beckenbauer 1:1
Schottland (A) (WM-Qualifikation) 1:1
Österreich (H) (WM-Qualifikation) 1:0
Zypern (H) (WM-Qualifikation) 12:0
Österreich (A) 1:1
Bulgarien (A) 1:0
Schottland (H) (WM-Qualifikation) 1:0

1970
Spanien (A) ohne Beckenbauer 0:2
Rumänien (H) 1:1
Irland (H) 2:1
Jugoslawien (H) 1:0
Marokko (León) (WM) 2:1
Bulgarien (León) (WM) 5:2
Peru (León) (WM) 3:1
England (León) 1 Tor n. Verl. (WM) 3:2
Italien (Mexico City) n. Verl. (WM) 3:4
Uruguay (Mexico City) ohne Beckenbauer (WM-Spiel um 3. Platz) 1:0
Ungarn (H) 3:1
Türkei (H) (EM-Vorrunde) 1:1
Jugoslawien (H) 0:2
Griechenland (A) 1 Tor 3:1

1971
Albanien (A) (EM-Vorrunde) 1:0
Türkei (A) (EM-Vorrunde) 3:0
Albanien (H) (EM-Vorrunde) Beckenbauers 50. Länderspiel 2:0
Norwegen (A) 1 Tor 7:1
Schweden (A) 0:1
Dänemark (A) 1 Tor 3:1
Mexiko (H) Beckenbauer zum erstenmal Kapitän 5:0
Polen (A) (EM-Vorrunde) Overath zum letztenmal Kapitän 3:1
Polen (H) 0:0

1972
Ungarn (A) 2:0
England (A) (EM) 3:1
England (H) (EM) 0:0
Sowjetunion (H) 4:1
Belgien (A) (EM-Halbfinale) 2:1
Sowjetunion (EM-Finale in Brüssel) 3:0
Schweiz (H) 5:1

1973
Argentinien (H) 2:3
Tschechoslowakei (H) 3:0
Jugoslawien (H) 0:1
Bulgarien (H) 1 Tor 3:0
Brasilien (H) 0:1
Sowjetunion (A) 1:0
Österreich (H) 4:0
Frankreich (H) 2:1
Schottland (A) 1:1
Spanien (H) Seeler-Rekord mit 73 Spielen übertroffen 2:1

1974

Spanien (A)	0:1
Italien (A)	0:0
Schottland (H)	2:1
Ungarn (H)	5:0
Schweden (H)	2:0
Chile (H) (WM)	1:0
Australien (H) (WM)	3:0
DDR (H) (WM)	0:1
Jugoslawien (H) (WM)	2:0
Schweden (H) (WM)	4:2
Polen (H) (WM)	1:0
Holland (H) (WM-Finale in München)	2:1
Schweiz (A)	2:1
Griechenland (A) (EM)	2:2
Malta (A) (EM)	1:0

1975

England (A)	0:2
Bulgarien (A) (EM)	1:1
Holland (H)	1:1
Österreich (A)	2:0
Griechenland (H) (EM)	1:1
Bulgarien (H) (EM)	1:0
Türkei (A)	5:0

1976

Malta (H) (EM)	8:0
Spanien (A) (EM)	1:1
Spanien (H) (EM)	2:0
Jugoslawien (A) n. Verl. (EM-Halbfinale)	4:2
Tschechoslowakei (A) n. Verl. (3:5-Elfmeterschießen) (EM-Finale in Belgrad, laut DFB als Niederlage gewertet)	2:2
Wales (A) 1 Tor	2:0
Tschechoslowakei (H)	2:0

1977

Frankreich (A) Beckenbauer zum 50. mal Kapitän und 60. Spiel in Serie, zugleich Ende seiner Länderspielkarriere	0:1

Bundesligaspiele für den FC Bayern München

Beckenbauer insgesamt 396 Spiele/ 44 Tore

FC Bayern München gegen:

1965/66 (Bayern Dritter)

TSV 1860 München (A) (14. 8. 1965)	0:1
Eintracht Frankfurt (H)	2:0
Eintracht Braunschweig (A)	4:2
Bor. Neunkirchen (H)	6:0
Tasmania Berlin (A)	2:0
Karlsruher SC (H) 1 Tor	5:1
Bor. M'Gladbach (A)	2:1
Borussia Dortmund (H)	0:2
Hamburger SV (A)	4:0
FC 04 Schalke (A)	1:1
1. FC Nürnberg (H)	0:0
Hannover 96 (A)	4:3
1. FC Kaiserslautern (H)	3:0
VfB Stuttgart (A)	1:0
Meidericher SV (H)	3:0
1. FC Köln (A)	1:6
Werder Bremen (H) 1 Tor	3:1
TSV 1860 München (H)	3:0
Eintracht Frankfurt (A)	0:0
Eintracht Braunschweig (H)	2:2
Bor. Neunkirchen (A)	4:0
Tasmania Berlin (H)	2:1
Karlsruher SC (A)	0:1
Bor. M'Gladbach (H)	5:2
Borussia Dortmund (A)	0:3
Hamburger SV (H)	3:0
FC 04 Schalke (H)	1:0
1. FC Nürnberg (A)	2:2
Hannover 96 (H) 1 Tor	3:1
1. FC Kaiserslautern (A)	2:1
VfB Stuttgart (H)	0:1
Meidericher SV (A)	1:1
1. FC Köln (H) 1 Tor	1:4
Werder Bremen (A) ohne Beckenbauer	1:1

1966/67 (Bayern Sechster)

Eintracht Frankfurt (H)	1:2
Fortuna Düsseldorf (A)	0:0
Hannover 96 (H)	0:0
Karlsruher SC (A)	6:1
Bor. M'Gladbach (H)	4:3
Rot-Weiß Essen (A)	1:3
1. FC Nürnberg (H)	1:2
Werder Bremen (H) ohne Beckenbauer	1:4
TSV 1860 München (H)	3:0
1. FC Köln (A)	4:2
Eintracht Braunschweig (H)	2:0
VfB Stuttgart (A)	4:2
FC 04 Schalke (A)	1:2
Meidericher SV (H)	2:1
1. FC Kaiserslautern (H)	5:0
Hamburger SV (A)	1:3
Borussia Dortmund (H)	1:0
Eintracht Frankfurt (A)	1:2
Fortuna Düsseldorf (H)	1:2
Hannover 96 (A)	1:2
Karlsruher SC (H)	2:2
Bor. M'Gladbach (A)	2:1
Rot-Weiß Essen (H)	4:1
1. FC Nürnberg (A)	1:0
Werder Bremen (H)	1:0
TSV 1860 München (A)	0:1
1. FC Köln (H)	2:0
Eintracht Braunschweig (A)	2:5
VfB Stuttgart (H)	1:1
Meidericher SV (A)	0:0
FC 04 Schalke (H)	5:0
1. FC Kaiserslautern (A)	0:1
Hamburger SV (H)	3:1
Borussia Dortmund (A)	0:4

1967/68 (Bayern Fünfter)

Alemannia Aachen (H) 1 Tor	4:0
Hannover 96 (A)	1:0
1. FC Köln (H)	0:3
Borussia Dortmund (A) ohne Beckenbauer	3:6
Karlsruher SC (H)	3:0
Bor. Neunkirchen (A)	1:1
Hamburger SV (H)	1:0
Eintracht Frankfurt (A)	3:2
Bor. M'Gladbach (H) ohne Beckenbauer	3:1
Eintracht Braunschweig (A) ohne Beckenbauer	0:1
TSV 1860 München (H) ohne Beckenbauer	2:2
FC 04 Schalke (A)	1:0
VfB Stuttgart (H)	3:1
Werder Bremen (A)	1:4
1. FC Kaiserslautern (H) 2 Tore	4:1
1. FC Nürnberg (A)	3:7
MSV Duisburg (H)	0:4
Alemannia Aachen (H)	4:1
Hannover 96 (A)	1:2
1. FC Köln (H)	3:3
Borussia Dortmund (Spiel ausgefallen)	
Karlsruher SC (A)	2:0
Bor. Neunkirchen (H) 1 Tor	4:0
Hamburger SV (A)	1:2
Eintracht Frankfurt (H)	3:0
Bor. M'Gladbach (A)	1:1
Eintracht Braunschweig (H)	3:0
TSV 1860 München (A)	2:3
Borussia Dortmund (H)	2:0
FC 04 Schalke (H)	2:0
VfB Stuttgart (A)	0:3
Werder Bremen (H) ohne Beckenbauer	2:3
1. FC Kaiserslautern (A)	2:2

ohne Beckenbauer
1. FC Nürnberg (H) 0:2
MSV Duisburg (A) 3:3

1968/69 (Bayern Meister)
1. FC Kaiserslautern (H) 2:0
TSV 1860 München (A) 3:0
Hamburger SV (H) 5:1
FC 04 Schalke (A) 2:1
Hertha BSC Berlin (H) 3:0
Eintracht Frankfurt (A) 1:1
MSV Duisburg (H) 2:2
Eintracht Braunschweig (A) 3:2
VfB Stuttgart (H) 2:0
Alemannia Aachen (A) 4:2
Werder Bremen (A) 0:1
Borussia Dortmund (H) 4:1
1. FC Köln (A) 1:1
1. FC Nürnberg (H) 3:0
Offenbacher Kickers (A) 0:0
Bor. M'Gladbach (H) 0:0
Hannover 96 (A) 0:1
1. FC Kaiserslautern (A) 1:3
TSV 1860 München (H) 0:2
Hamburger SV (A) 2:2
FC 04 Schalke (H) 0:0
Hertha BSC Berlin (A) 2:1
Eintracht Frankfurt (H) 2:0
MSV Duisburg (A) 0:0
ohne Beckenbauer
Eintracht Braunschweig (H) 2:1
VfB Stuttgart (A) 0:3
Alemannia Aachen (H) 1:1
Werder Bremen (H) 1 Tor 6:0
Borussia Dortmund (A) 1:0
1. FC Köln (H) 1:0
1. FC Nürnberg (A) 0:2
Offenbacher Kickers (H) 1 Tor 5:1
Bor. M'Gladbach (A) 1:1
Hannover 96 (H) 2:1

1969/70 (Bayern Zweiter)
Rot-Weiß Essen (H) 4:0
Bor. M'Gladbach (A) 1:2
Eintracht Frankfurt (H) 2:1
1. FC Kaiserslautern (A) 0:0
Borussia Dortmund (H) 1 Tor 3:0
Eintracht Braunschweig (A) 1 Tor 4:0
Werder Bremen (H) 4:1
MSV Duisburg (A) 2:4
TSV 1860 München (H) 2:0
Alemannia Aachen (A) 1 Tor 3:1
Hertha BSC Berlin (H) 1:2
VfB Stuttgart (A) 3:2
1. FC Köln (H) 1:2
Hannover 96 (A) 1:0
Hamburger SV (H) 2:1
Rot-Weiß Oberhausen (A) 3:3
FC 04 Schalke (H)
(Spiel ausgefallen)
Rot-Weiß Essen (A)
(Spiel ausgefallen)
Bor. M'Gladbach (H)
(Spiel ausgefallen)
Eintracht Frankfurt (A)
(Spiel ausgefallen)
1. FC Kaiserslautern (H) 1:1
Borussia Dortmund (A) 3:1
Eintracht Braunschweig (H) 5:1
Werder Bremen (H)
(Spiel ausgefallen)
FC 04 Schalke (H) 1 Tor 6:0
MSV Duisburg (H) 2:0
Eintracht Frankfurt (A) 1:2
TSV 1860 München (A) 1:2
Rot-Weiß Essen (A) 1:1
Alemannia Aachen (H) 1 Tor 6:0
Hertha BSC Berlin (A) 4:0
VfB Stuttgart (H) 2:1
1. FC Köln (A) 2:0
Hannover 96 (H) 1 Tor 7:2
Bor. M'Gladbach (H) 1:0
Hamburger SV (A) 3:1
Werder Bremen (A) 0:1
Rot-Weiß Oberhausen (H) 6:2
FC 04 Schalke (A). 2:2

1970/71 (Bayern Zweiter)
VfB Stuttgart (A) 1:1
Hertha BSC Berlin (H) 1:0
Borussia Dortmund (A) 0:0
Rot-Weiß Essen (H) 2:2
Eintracht Frankfurt (A) 1:0
Bor. M'Gladbach (H) 2:2
Hamburger SV (A) 5:1
Hannover 96 (H) 4:1
Arminia Bielefeld (A) 0:1
1. FC Kaiserslautern (H) 3:1
Offenbacher Kickers (H) 0:0
Rot-Weiß Oberhausen (A) 4:0
FC 04 Schalke (H) 3:0
1. FC Köln (A) 3:0
Werder Bremen (H) 2:1
Eintracht Braunschweig (A) 1:1
MSV Duisburg (H) 2:1
VfB Stuttgart (H) 1:0
Hertha BSC Berlin (A) 3:3
Borussia Dortmund (H) 1:1
Rot-Weiß Essen (A) 1:3
Eintracht Frankfurt (H) 2:1
Bor. M'Gladbach (A) 1:3
Hamburger SV (H) 1 Tor 6:2
Hannover 96 (A) 2:2
Arminia Bielefeld (H) 2:0
1. FC Kaiserslautern (A) 1:2
Offenbacher Kickers (H) 1:1
Rot-Weiß Oberhausen (H) 1 Tor 4:2
FC 04 Schalke (A) 3:1
ohne Beckenbauer
1. FC Köln (H) 7:0
Werder Bremen (A) 1 Tor 1:0
Eintracht Braunschweig (H) 4:1
MSV Duisburg (A) 0:2

1971/72 (Bayern Meister)
Fortuna Düsseldorf (H) 1 Tor 3:1
Hertha BSC Berlin (A) 2:2
Eintracht Braunschweig (H) 4:1
2 Tore
Rot-Weiß Oberhausen (A) 1:1
Bor. M'Gladbach (H) 2:0
1. FC Kaiserslautern (A) 2:0
Arminia Bielefeld (H) 1:1
VfL Bochum (A) 2:0
VfB Stuttgart (H) 2:2
Werder Bremen (A) 2:1
Hannover 96 (A) 3:1
MSV Duisburg (H) 5:1
Hamburger SV (A) 4:1
1. FC Köln (H) 1:1
Eintracht Frankfurt (A) 2:3
Borussia Dortmund (H) 1 Tor 11:1
(höchster Bundesligasieg
der Bayern!)
FC 04 Schalke (A) 0:1
Fortuna Düsseldorf (A) 1:0
Hertha BSC Berlin (H) 1:0
Eintracht Braunschweig (A) 1:1
Rot-Weiß Oberhausen (H) 7:0
Bor. M'Gladbach (A) 2:2
1. FC Kaiserslautern (H) 3:1
Arminia Bielefeld (A) 1:0
VfL Bochum (H) 5:1
VfB Stuttgart (A) 4:1
Werder Bremen (H) 6:2
Hannover 96 (H) 3:1
MSV Duisburg (A) 0:3
Hamburger SV (H) 4:3
1. FC Köln (A) 4:1
Eintracht Frankfurt (H) 1 Tor 6:3
Borussia Dortmund (A) 1:0
FC 04 Schalke (H) 1 Tor 5:1

1972/73 (Bayern Meister)
Rot-Weiß Oberhausen (A) 5:0
Werder Bremen (H) 2:1
Eintracht Braunschweig (A) 2:0
Hertha BSC Berlin (H) 1 Tor 4:0
(Elfmeter)

Wuppertaler SV (A)	1:1
FC 04 Schalke (H)	5:0
Eintracht Frankfurt (A)	1:2
Bor. M'Gladbach (H)	3:0
VfB Stuttgart (A)	1:0
MSV Duisburg (H)	2:0
Hamburger SV (A)	2:0
Hannover 96 (H)	7:2
1. FC Kaiserslautern (A)	1:3
Fortuna Düsseldorf (H) 1 Tor	3:2
VfL Bochum (A)	2:0
Offenbacher Kickers (H) 1 Tor	3:1
1. FC Köln (A)	1:2
Rot-Weiß Oberhausen (H)	5:3
Werder Bremen (A)	0:1
Eintracht Braunschweig (H)	3:0
Hertha BSC Berlin (A)	5:2
Wuppertaler SV (H)	4:1
FC 04 Schalke (A)	1:1
Eintracht Frankfurt (H) 1 Tor	3:1
Bor. M'Gladbach (A)	3:0
VfB Stuttgart (H) 1 Tor	5:1
MSV Duisburg (A)	0:2
Hamburger SV (H)	1:0
Hannover 96 (A)	3:1
1. FC Kaiserslautern (H)	6:0
Fortuna Düsseldorf (A)	0:0
VfL Bochum (H)	5:1
Offenbacher Kickers (A) 1 Tor	3:0
1. FC Köln (H)	1:1

1973/74 (Bayern Meister)

Fortuna Düsseldorf (H) 1 Tor	3:1
Fortuna Köln (A)	3:0
Rot-Weiß Essen (H)	2:0
Hertha BSC Berlin (A)	2:2
Wuppertaler SV (H)	3:0
FC 04 Schalke (A)	5:5
Werder Bremen (H)	2:2
Hannover 96 (A)	1:3
Eintracht Frankfurt (H)	2:2
1. FC Köln (A)	3:4
MSV Duisburg (H)	4:2
1. FC Kaiserslautern (A)	4:7
VfB Stuttgart (H)	3:0
VfL Bochum (A)	1:0
Hamburger SV (H)	4:1
Offenbacher Kickers (A)	2:2
Bor. M'Gladbach (H)	4:3
Fortuna Düsseldorf (A)	2:4
Fortuna Köln (H)	5:1
Rot-Weiß Essen (A)	1:0
Hertha BSC Berlin (H) 1 Tor	3:1
Wuppertaler SV (A)	4:1
FC 04 Schalke (H)	5:1
Werder Bremen (A)	1:1
Hannover 96 (H) 1 Tor	5:1
Eintracht Frankfurt (A)	1:1
1. FC Köln (H)	4:1
MSV Duisburg (A) 1 Tor	4:0
1. FC Kaiserslautern (H)	1:1
VfB Stuttgart (A)	1:1
Offenbacher Kickers (H)	1:0
Bor. M'Gladbach (A)	0:5
VfL Bochum (H)	4:0
Hamburger SV (A)	5:0

1974/75 (Bayern Zehnter)

Offenbacher Kickers (A)	0:6
Hertha BSC Berlin (H)	2:1
VfB Stuttgart (A)	2:1
1. FC Köln (H) 1 Tor	6:3
Wuppertaler SV (A)	1:3
FC 04 Schalke (H)	0:2
Eintracht Braunschweig (A)	1:3
Werder Bremen (H)	2:0
Bor. M'Gladbach (A)	2:1
Eintracht Frankfurt (H)	2:1
Tennis Bor. Berlin (A)	2:2
1. FC Kaiserslautern (H)	2:5
MSV Duisburg (A)	1:2
Rot-Weiß Essen (H)	2:2
VfL Bochum (A)	0:3
Fortuna Düsseldorf (H)	4:0
Hamburger SV (A)	0:1
Offenbacher Kickers (H) Beckenbauer Eigentor (25. 1. 1975)	2:3
Hertha BSC Berlin (A) Beckenbauer Eigentor (1. 2. 1975)	1:4
VfB Stuttgart (H)	1:1
1. FC Köln (A) ohne Beckenbauer	0:1
Wuppertaler SV (H)	3:1
FC 04 Schalke (A)	2:2
Eintracht Braunschweig (H)	1:0
Werder Bremen (A)	2:0
Bor. M'Gladbach (H) (Spiel ausgefallen)	
Eintracht Frankfurt (A)	0:2
Bor. M'Gladbach (H)	1:1
Tennis Bor. Berlin (H)	3:1
1. FC Kaiserslautern (A)	1:0
MSV Duisburg (H)	2:1
Rot-Weiß Essen (A)	2:2
VfL Bochum (H)	2:1
Fortuna Düsseldorf (A)	5:6
Hamburger SV (H)	0:1

1975/76 (Bayern Dritter)

Eintracht Braunschweig (H)	1:1
Karlsruher SC (A)	2:1
Werder Bremen (A)	4:0
Bayer Uerdingen (A)	1:2
Fortuna Düsseldorf (H) 2 Tore	5:0
FC 04 Schalke (A)	2:2
Offenbacher Kickers (H)	3:1
Bor. M'Gladbach (A)	1:4
Hannover 96 (H)	3:1
1. FC Kaiserslautern (A)	1:2
Hamburger SV (H)	1:0
MSV Duisburg (A)	1:1
Rot-Weiß Essen (H)	5:1
VfL Bochum (A)	1:3
Eintracht Frankfurt (A)	0:6
1. FC Köln (H)	1:2
Hertha BSC Berlin (A)	1:2
Eintracht Braunschweig (A)	1:1
Karlsruher SC (H)	2:0
Werder Bremen (A)	0:0
Bayer Uerdingen (H)	2:0
Fortuna Düsseldorf (A) 1 Tor	1:1
FC 04 Schalke (H)	3:2
Offenbacher Kickers (A)	2:2
Bor. M'Gladbach (H)	4:0
Hannover 96 (A)	2:2
1. FC Kaiserslautern (H)	3:4
Hamburger SV (A)	1:0
MSV Duisburg (H)	3:0
Rot-Weiß Essen (A) 1 Tor	3:3
VfL Bochum (H) 1 Tor	4:0
Eintracht Frankfurt (H)	1:1
1. FC Köln (A)	0:1
Hertha BSC Berlin (H)	7:4

1976/77 (Bayern Siebter)

Fortuna Düsseldorf (H)	2:1
MSV Duisburg (A)	2:5
Eintracht Braunschweig (H)	2:2
Hertha BSC Berlin (A)	1:1
Tennis Bor. Berlin (H)	9:0
VfL Bochum (A)	6:5
1. FC Köln (H)	4:1
Borussia Dortmund (A)	3:3
FC 04 Schalke (H) (höchste Niederlage!)	0:7
Werder Bremen (A)	3:2
Hamburger SV (H)	6:2
1. FC Kaiserslautern (A)	1:1
1. FC Saarbrücken (H) 1 Tor	5:1
Rot-Weiß Essen (A) 1 Tor	4:1
Karlsruher SC (A)	2:1
Eintracht Frankfurt (H) ohne Beckenbauer	0:3
Bor. M'Gladbach (A)	0:1
Fortuna Düsseldorf (A)	0:0
MSV Duisburg (H)	2:2

Eintracht Braunschweig (A) 0:1
Hertha BSC Berlin (H) 1:0
Tennis Bor. Berlin (A) 1:3
VfL Bochum (H) 1:1
1. FC Köln (A) 0:3
Beckenbauer Eigentor
(5. 3. 1977)
Borussia Dortmund (H) 1:2
FC 04 Schalke (A) 0:0
Werder Bremen (H) 1:0
Hamburger SV (A) 0:5
1. FC Kaiserslautern (H) 3:0
1. FC Saarbrücken (A) 1:6
Rot-Weiß Essen (H) 1 Tor 5:1
Karlsruher SC (H) 5:0
Eintracht Frankfurt (A) 1:2
Bor. M'Gladbach (H) 2:2

Bundesligaspiele für den Hamburger SV

Beckenbauer insgesamt 28 Spiele/ 0 Tore

Hamburger SV gegen:

1980/81 (HSV Zweiter)

VfB Stuttgart (A) 2:3
B. erstes Punktspiel für HSV
(15. 11. 1980/14. Spieltag)
Karlsruher SC (H) 3:1
TSV 1860 München (H) 4:1
VfL Bochum (A) 3:0
MSV Duisburg (A) 0:2
1. FC Nürnberg (H) 1:0
1. FC Kaiserslautern (A) 2:2
1. FC Köln (H) 2:0
Eintracht Frankfurt (A) 1:1
Bor. M'Gladbach (H) 2:1
Bayer Uerdingen (A) 3:0
FC Bayern München (H) 2:2
Borussia Dortmund (A) 2:6
ohne Beckenbauer
(26. Spieltag)
Fortuna Düsseldorf (H) 2:1
FC 04 Schalke (A) 1:2
Arminia Bielefeld (H) 4:1
Bayer Leverkusen (A) 2:1
VfB Stuttgart (H) 1:3
Karlsruher SC (A) 1:1
TSV 1860 München (A) 0:0
ohne Beckenbauer
VfL Bochum (H) 2:1
ohne Beckenbauer

1981/82 (HSV Meister)

Eintracht Braunschweig (H) 4:2
1. FC Kaiserslautern (A) 1:1
ohne Beckenbauer
Borussia Dortmund (H) 2:2
ohne Beckenbauer
1. FC Nürnberg (A) 3:0
ohne Beckenbauer
1. FC Köln (H) 3:1
ohne Beckenbauer
Eintracht Frankfurt (A) 2:3
ohne Beckenbauer
VfL Bochum (A) 1:2
ohne Beckenbauer
MSV Duisburg (H) 7:0
ohne Beckenbauer
VfB Stuttgart (A) 2:1
ohne Beckenbauer
Bor. M'Gladbach (H) 1:1
ohne Beckenbauer
Arminia Bielefeld (A) 1:1
FC Bayern München (H) 4:1
ohne Beckenbauer
Bayer Leverkusen (A) 3:0
SV Darmstadt 98 (H) 6:1
Werder Bremen (A) 2:3
Fortuna Düsseldorf (H) 6:1
ohne Beckenbauer
Karlsruher SC (A) 2:2
ohne Beckenbauer
Eintracht Braunschweig (A) 1:2
1. FC Kaiserslautern (H) 4:0
ohne Beckenbauer
Borussia Dortmund (A) 3:2
1. FC Nürnberg (H) 6:1
ohne Beckenbauer
1. FC Köln (A) 1:1
ohne Beckenbauer
Eintracht Frankfurt (H) 2:0
VfL Bochum (H) 2:2
ohne Beckenbauer
MSV Duisburg (A) 2:1
ohne Beckenbauer
VfB Stuttgart (H) 1:1
Bor. M'Gladbach (A) 3:1
ohne Beckenbauer
Arminia Bielefeld (A) 3:1
ohne Beckenbauer
FC Bayern München (A) 4:3
ohne Beckenbauer
Bayer Leverkusen (H) 0:0
ohne Beckenbauer
SV Darmstadt 98 (A) 2:2
ohne Beckenbauer
Werder Bremen (H) 5:0
ohne Beckenbauer
Fortuna Düsseldorf (A) 3:3
ohne Beckenbauer
Karlsruher SV (H) 3:3

DFB-Pokalspiele für den Hamburger SV

Hamburger SV gegen:

1980/81

VfL Bochum (H) 4:1
Eintracht Braunschweig (A)
n. Verl.
(Viertelfinale) 3:4

1981/82

Eintracht Trier (H) 2:1
Alemannia Aachen (A) 3:0

UEFA-Cup-Spiele für den Hamburger SV

Hamburger SV gegen:

1981/82

Girondins Bordeaux (A) 1:2
Girondins Bordeaux (H) 2:0
FC Aberdeen (A) 2:3
FC Aberdeen (H) 3:1
Xamax Neuchâtel (H) 3:2

Der Teamchef privat: Fußball ist seine Leidenschaft, Golf sein Hobby

Die meisten der in diesem Buch abgedruckten Beiträge sind als *stern*-Serie von Peter Bizer erschienen. Diese Texte wurden für die Buchveröffentlichung erweitert und neu bearbeitet. Die zusätzlichen Beiträge Franz Beckenbauers haben Peter Stützer und Ulfert Schröder aufgezeichnet.

Bildnachweis

Lorenz Baader (8), Bongarts (1), Baumann (5), Braun (1), Copress-Verlag München (1), dpa/Biber (2), dpa/Heidtmann (2), dpa/Klar (1), dpa/London Express (1), dpa/Schnoerrer (1), Fred Joch (8), Jürgens (1), Kaiser (2), Bob Lebeck/*stern* (30), Horst Müller (15), Pfeil-Foto (5), Norbert Rzepka (2), K. Sawabe (5), Schirner (9), Sven Simon (38), *stern*-Archiv (2), VSW (6), Werek (24), Wilfried Witters (16)
Wir danken den Bildarchiven für ihre freundliche Unterstützung.

CIP-Kurztitelaufnahme der Deutschen Bibliothek

Beckenbauer, Franz:
Meine Gegner — meine Freunde: Stationen e. Karriere / Franz Beckenbauer. — 1. Aufl. — Hamburg; Zürich: Rasch und Röhring, 1987.
ISBN 3-89136-160-2

Impressum

Redaktion: Ulrike Rickert
Einband und Gestaltung: Peter Albers/Reisenberger
Herstellung: Peter Albers
Satzherstellung: alphabeta, Hamburg
Lithographie: Albert Bauer KG, Hamburg
Druck- und Bindearbeiten: Mainpresse Richterdruck, Würzburg
Printed in Germany